中國霸權

的論理與現實

帝国としての中国

覇権の論理と現実

中西輝政 著

新版序

本書的新版，得以再次出版問世，身為作者，實在是再高興不過了。

本書的首刷出版於二〇〇四年九月，不但為大眾所接受，也出乎預期的廣受好評，老實說，這樣的迴響確實讓我感到有些意外。因為本書不論在方法上還是結論的導向上，都與當時日本廣泛流傳的中國論、中國觀大相逕庭，如此非主流的內容，究竟為什麼會獲得如此評價，我還不太能夠完全理解。

如今，近十年的歲月流逝。最近又開始聽到許多聲音，希望能再版這本世面上已難以入手的著作。這對作者來說，當然是再高興不過的事了。更重要的是，現在我終於明確地理解原因何在了。在這十年的歲月裡，我切實地感受到，日本人心中的中國觀、以及對中國的關注方式，雖然緩慢但「確實地已經轉變了」。

實際上，在這約十年的時間裡，日本人的中國觀可以說是產生了劇變，後世的史學家，想必也會將這樣的轉變評論為「劇變」吧。其實不用等到後世，只要系統性地調查現有的各種民調，便可得知這個現象已是不爭的事實。其中當然也包含負面的評價，在部份統計中可看到較為情緒化的反應，也就是所謂的厭中情緒。這也許與日本人多年來的自信心基礎——

「世界第二經濟大國」地位被中國取代，在情感上無法接受有關，再者，近年來日中之間因為「歷史問題」、領土與海域相關的各種對立也是造成如此結果的原因。

然而，近年來日本人的中國觀之所以產生如此大的變化，其實是牽扯到更深層的意識的變化。若將始終凝視著中國的日本人，比喻成一位關注故事進展的讀者的話，一路看著鄧小平政權以來的中國走向，到了今天，彷彿終於看到了故事的梗概，也就產生了一種「結論感」了。對於中國這個國家的存在，縱然還只是約略的印象，但日本人的確已經開始有了定論。過去在日本，談到中國的未來走向，大多數人的印象都是「等中國透過市場經濟化，社會漸趨富裕後，總會慢慢走向民主化，獨裁政權總有一天會衰退並受到清算制裁的吧」，或是「以經濟大國之姿成為國際重要角色的中國，作為擔負國際社會責任的一員，會主動遵循既有的國際秩序吧」。

在本書首刷出版時，日本正處於上述的時代。對於中國的見解，這樣的觀點可以說是完全支配了日本社會的輿論與氛圍。

不過，到了現在，對於中國的未來走向開始有了轉變，「看來情況好像跟想像的不太一樣」、或是開始感受到「事情好像不是那麼單純」、「這樣看來日本也不能再掉以輕心下去了」、「到底接下去會怎樣發展呢」等等，開始出現了困惑、懷疑的聲音。對於這樣的轉變，歐美的新聞記者多評論為這是從「中國樂觀主義（China Optimism）」轉移成「中國悲觀主義（China Pessimism）」的開始。然而，事情並不只是這麼單純。日本人的中國觀變遷，並不只是因為尖閣群島（譯註：釣魚台）使得日中之間多次發生衝突、因為習近平政權的誕生反而讓中國體制走向強權化，或是中國社會在經過長期的環境問題、貪腐問題後，如今終於曝露出其惡化的徵兆……等表面上的狀況所造成，而必須從更深層的面向去探討才能得知真正的原因。

在此，存在的是歐美各國未曾經驗過，韓國、東南亞各國也從未體驗過的問題，即橫跨於日中之間、可以稱之為深刻的「文明衝突」的結構性背景要素。

關於這點，我將從以下的三件事例來予以分析。第一件，是帶有重要意義的「毒餃子事件」。事件發生於二〇〇八年，進口到日本的中國製冷凍餃子，被發現裡面混有有毒物質。

然而，即使已有眾多的日本人消費者吃下混有劇毒甲胺磷（殺蟲劑原料）的餃子，被害中毒，中國當局卻在沒有提出任何證據的情況下，立刻表示「毒物是在日本被混入的」。另一方面，日本的警察當局卻是依循日本政府的方針，為了「不要把事情鬧大」，而未將調查的結果公諸於世。當時的日本首相為福田康夫，日中之間並沒有出現特別嚴重的對立衝突，日本的做法，可以說是過度「體貼周到」了。

不過，事件發生已經過了二年以上，日本轉由鳩山擔任首相，中國當局此時突然公佈當時的中國人工作人員嫌犯及調查的內容，媒體僅以小篇幅加以報導。但是，這樣的結果是從一開始大部份的日本人早就預想到的，這時候報導出來，再一次讓日本民眾感到「事到如今了，為什麼又這樣」、「果然就是這樣啊」的印象。若以日中之間發生的種種大事件來看，毒餃子事件本身也許只是一件微不足道的小事。然而，對於一般的大眾而言，這個事件是讓多數的日本人親身感受到「中國的本質」的瞬間。至少，日本人透過此一事件，確確實實地感受到了日中之間對於「真相」、「政治」所持有的價值觀，是如此的天差地遠。

第二件事例，是最近因為尖閣群島而發生的日中對立衝突事件。二〇一三年一月，在尖閣群島附近海域，中國海軍船艦以射擊管制雷達瞄準了日本海上自衛隊的船艦。

在日本公佈此事之後，中國當局先是沉默了二天，最後公開表示「查無此事，是日本方面任意捏造的」。中國當局明明知道日本掌握了電子數據，有不可動搖的決定性證據，卻依然做出這樣的聲明。相信大多數日本人的反應都是中國「又來了」，不過這個事件並不能僅視為日中緊張對立狀態下發生的單一摩擦，其中含有更深刻的問題。在此，不少日本人看到的是日中之間基本價值觀的衝突，同時從這個價值觀的衝突，窺見了日中關係的龜裂是多麼難以跨越的鴻溝。我所關注的，不只是緊張軍事衝突危機下所呈現的表象問題，而更是日中兩國採取的行動背後，所代表的價值觀與行動模式之兩極化，這也是長達千年的日中關係史中普遍的現象。同時，我也再次感受到，昭和史上發生的日中戰爭及許許多多的悲劇，其根源其實也是出自於這樣的差異。

第三件事例，讓我們稍微將時序往前回溯到二〇〇二年的「瀋陽總領事館事件」，在本書的第十四章也會再談到這個事件。事件發生於從北韓逃出的「脫北者」難民一家人，逃進了位於中國東北瀋陽的日本總領事館請求庇護，卻被闖入日本總領事館館內的中國憲警逮捕收押。

當時日本媒體以「Hanmi小妹妹事件（譯註：脫北者家族中年僅二歲的幼兒名）」大肆報導，同時公開了事件照片。此一事件不只是人權事件，中國的公權力更是在未經許可之下闖入擁有「治外法權」的日本外交官方機關，並且執行了公權力行為，一連串的舉動明顯違反了國際法，依據「外交關係相關之維也納條約」，日本政府提出了抗議。然而中國當局卻主張是得到了日本的許可才進入館內，拒絕道歉，並擅自將逮捕的脫北者家族流放國外。而日本方面明明掌握明確的證據，卻又再度演出了一場「不加深究」，自動「了結此事」的戲碼。

更重要的是接下來所述此事件發生的背景。幾乎在同一時期，就位於日本領事館一旁的美國總領事館，以及位於北京的加拿大大使館，也同樣有來自北韓的流亡者前往請求庇護，而中國憲警卻完全沒有任何動作。又過了一陣子，有脫北者逃至位於北京的韓國大使館，中國憲警闖入欲將其逮捕，韓國大使館的館員們奮力阻止，兩方發生了亂鬥衝突事件，最後脫北者依然被中國人員帶走。然而，事件發生後，中國向韓國政府正式謝罪道歉，並同意將脫北者送往韓國。在本書（第十四章）也有提及，在這一連串的事件處理上，可以看出中國在面對國際社會時，面對歐美各國會遵守已確立的國際法，而對面韓國時，從某些觀點來說可以說是用延續以往封建王朝下的「懷柔」政策，訴諸於情的「亞洲式」處理方式。相對地，面對日本時，既不是「威斯特發利亞和約」式、也不是「華夷秩序」式，而是極端地「情境狀況式」的處理方式。我認為，中國在面對國際社會時，中國外交中潛在的這般複合性規範意識及選擇性的行動模式，才更是對日本具有重大的意義。

不過，之所以在此提及此一事件，是想要進一步探討的是，針對日本的抗議，中國方面提出「是經過了（日中）雙方同意才進入領事館」之主張。縱然日本政府表明「從來沒有同意」，但中國卻無視這樣的聲明。其後，當事的日本政府相關人員雖然都隱諱不曾表明，但確實逐漸加深了對中國的不信任感。

透過毒餃子事件、雷達瞄準事件以及瀋陽總領事館事件，呈現出來的是針對「政治上之真相」的價值觀與文明觀之深層問題，換言之，也就是對於「真相是否能超越政治上的方便而貫徹到底」這一點，日中之間出現了某種「文明衝突」之結構。就像是毒餃子事件時中國的行動模式，可謂是忠實地呈現出中國文明的一大契機「政治主義」的內涵，也就是為了配合「政治」的需求，「真相」是需要被操作的，如果不能容忍這一點，那麼接下來的道德、秩序也都同樣無法成立，這就是中國堅守的價值觀，日中之間的歷史論爭，其根源也就起始於此。而另一方面，日本為了配合這樣的中國，總是背負了深層的自我呵責（有時更是難以忍受），形成內在的**混亂**，這正是日中關係中特有的困境，也就是陷入所謂的「文明衝突」結構。

這樣的事例，並不僅限於此三個事件，然而，近一〇年日本人不斷面對只能以「又來了」予以評斷的種種經驗，已經超出了單純的「外交關係的惡化」的脈絡，而是進入更深層次元的問題。

有如前述，「那麼，到底該怎麼辦才好？」，對於日本人目前陷入的日中關係之困惑，我希望能提出一些答案，也就是這個念頭，驅使我執筆撰寫了這本書。換言之，這是我在一〇年前，事先預測了這樣的狀況而產生的問題意識。不過這並不是指我早就知道事情會變成現在的情況，而是對於中國到底是什麼、特別是中國對於日本，究竟是怎麼樣的存在的提問，也就是尋求對中國本質的真正的理解。

如今我們已經明白，一直以來所謂的「日中友好」，其實就是一句總是需要用引號標示的政治口號，就是本質上虛偽的政治宣傳用語，那麼，我們到底該如何摸索、看待真正的日中友好呢？經過這一〇年的經驗，日本人終於開始提出這樣的疑問。

當然，本書的目的並不在於全盤闡明這樣龐大的提問，而是想要探討，在漫長的歷史中，中國與外在世界之間是建築了怎樣的關係？又是什麼結構性因素造成了這樣的關係？本書期望能從中國的文明史考察中引導出答案。不過光是這樣的探究，也已經是相當龐大的架構，相信許多中國研究者會認為這是過於大膽的嘗試。

不過，就如同本書最後「結語」所述，過了一〇年之後的今日，這樣的嘗試有許多日本人認為是必要的，甚至切實地開始想要追求探問，然而就我所知，目前在日本並沒有能回應這些需求的論述。我想，這就是為什麼讀者會希望本書能再版的背景。

我相信日本人是擁有眾多優點與美德的人民，不過，卻極度缺乏知識性的遠見性及整合性。「沒有遠見的危機」正是現今日本對面中國的種種困境之原因。我年輕時曾前往歐洲留學，學習國際政治，在那裡學會了長期預測及把握歷史性結構，也了解到文明史觀視點的重要性。我這種研究學問的途徑，在日本也許並不是那麼容易被接受。不過就如我在「結語」中所述，相對於日本的中國研究及評論，西歐各國的中國研究明顯地著重於歷史・文明因素，也很重視於提供綜合性與宏觀的視野。而這些正是遠見性的基礎。

這樣的提問彷彿是在探討「何謂學問？」也就是說，我們應該試著思考，該如何看待知識的實用性。去除少數的例外，日本至今所做的中國研究，縱然數量驚人，社會卻沒有因此獲得對等的知識見解及成果。以整體而言，若說日本至今的中國研究及評論，其實就是造成今日中關係困境的因素之一，也許太過嚴苛，不過考慮到社會上學問、知識研究的實用性，這樣的評價，想必目前認真關注中國問題的多數民眾應該是會予以贊同的吧。

在內文中也有標示出來，本書的核心內容，是由一九九七年～二〇〇〇年連載於《論爭東洋經濟》一誌中的文稿所構成，之後於二〇〇四年又新增了內容，由東洋經濟新報社出版成書。接著有如前述，因銷售一空世面上已難以入手，各方傳來希望再版的要求。

然而，面對這樣的聲音，其實我大大地猶豫了一番。本書發行後，日中關係的發展越趨加速——意即惡化的情況越來越增強——這段期間也發生了種種事件。既然要再版，那麼我也打算再一次對照、回顧這一〇年發生的事例，盡可能的讓內容更新再更新，因此也提筆廣泛地嘗試了各種補足內容。然而寫出來的文稿，卻只是讓本書真正的焦點越來越模糊，不論試了多少次也未能改善。最後我得到一個結論，這樣子的追加提筆，只是把二本完全不同內容的書，強行地塞成一本罷了。再加上周圍的人都鼓勵我，表示本書的內容「一點也不顯過時」。因此，在日中關係的現狀及社會關注高漲的現在，我決定特意保留原書的內容，僅進行些微的修正、補充即可。

在這不斷嘗試與失敗的過程中，麻煩了眾多相關人士，在此要向各位致歉。特別是為了這次的再版費盡心力，並處處忍耐的前東洋經濟新報社出版局長小川正昭先生及其同仁書籍編輯部的岡田光司先生，連同前一次的盡心盡力，在此獻上深深的感謝之意。

二〇一三年七月

中西輝政

序

現在，對於「帝國」的議論與關注又再次水漲船高。冷戰後，主要的焦點多落在美利堅合眾國所扮演的角色上，不過所謂的帝國論，其實就是在探討何謂「帝國」的定義問題。

帝國，不單只以龐大的力量統治、影響他國或周邊地區。帝國，必須總是抱持著某種理念、價值觀或是「偉大的原則」。由此觀點來看，至少自羅馬帝國以來的二〇〇〇年之間，人們在談論「帝國」時進行的各種議論，都各自衍生出了相異的定義，直至今日。

其中最清楚易懂、公平且脈絡明確的定義，是英國歷史學家多米尼克·利芬（Dominic Lieven）提出的看法（《帝國之興亡》上·下／袴田茂樹監修、松井秀和譯／日本經濟新聞社／二〇〇二年）。此書以探討俄國的「帝國性」為主，而利芬最強調的點，在於隨著相異的文明、文化體系，「帝國」的意義、現實的狀況也會跟著出現極大的不同。

意即，所謂的「帝國」，唯有依循所屬的文明及其歷史之現況去思考，才能有進一步的了解。

在思考「做為帝國的中國」時，還是必須回到中國文明這一個獨立的文明體系中，連結做為「帝國」之中國所主張的論理與其歷史之現況，進行具體的思辯，才是最為重要的。特別是後者，也就是將做為帝國之中國，其歷史上的現實與理論做出敏銳的對比，進行考察，這在處理其他各種與中國相關的問題時，都是極為重要的一環。

至今有許多著作試著探討了「中華帝國」的史論、帝國史，而在日本，總是會出現以下的傾向：過於著重在「做為帝國之中國」的理念、思想，也就是理論層面上，而鮮少將其實際狀況與歷史連結來進行考察。特別是在秦帝國成立以來橫跨二〇〇〇年的「做為帝國之中國」的存在與走向研究上，聚焦於其理念與現實的連結，並以宏大的視野綜觀整體的研究，更是少之又少。本書便是希望能在這一點上，提供些許的貢獻。

然而，在看到周遭盡是「做為帝國之美國」的相關著作時，你也許會想，為什麼現在要提出「做為帝國之中國」？對二十一世紀的日本而言，中國的動向無庸置疑地是與美國同等，最令人關心的議題之一。此外，即便到了現在，兩者皆依然存有「帝國」之面向，受到眾人的議論，這也更是讓人不得不去關注。從此一觀點來看，對於二十一世紀的日本、亞洲以及全世界而言，中國帶有怎樣的意義？本書所要去探究的，就是這樣一個現實的、寫實的關注點。再者，若現在的日本人關注現代脈絡下的「帝國」，那麼必須也與對待美國一般（甚至更甚），試著考察中國的這些面向，並抱持著問題意識才行。

不過，在此必須強調的是，本書具有更超越於此的關注點。那便是，再一次從基本層面重新思考我們對於中國的存在及其本質之認識。即便相當細微，我們依然要嘗試地再次思考，中國這個國家的本質，究竟為何。

「何謂中國」？大部份的日本人所抱持的「自以為了解」的中國形象，其實帶有眾多的問題，這在許多中國研究者的研究中已被闡明。中國不論在文明的基礎上、還是歷史的結構上，也許都與日本截然不同。至少，在提出這樣的問題時，將這樣的思慮做為日本的出發點，是現在相當重要的思考方式。

由此觀點來看，本書想要徹底貫徹的是，透過漫長的歷史，將中國與外部世界的關係，以結構性的深層方式予以掌握、闡明，也就是說，本書想要嘗試從對外關係的層面，來檢視「何謂中國」此一本質性的問題。為什麼對中國而言，「國境」觀念即便到了現在也不時地成為問題？究竟，對中國而言國際社會到底是什麼？從這些提問，在漫長的歷史長河中找出一貫的共通點，而此一共通點，又與中國文明存在怎樣的關連？若要以一句話說明本書的目的，也許這就是答案。此外，由此再回到前述的現實上的關注點，現今的中國，真的有想要成為國際社會所說的「一般國家」嗎？那麼，在成為一般國家的道路上，中國又存有什麼別的國家不曾存在的問題、課題？以上的觀點，也幫助了我們理解此一提問。

本書雖然帶有這樣的目標，不過當然地，我並沒有信心直說已經充分達成了此一目的。一部份是我本身能力上的問題，另一部份則是因為本書的原稿，起初是以雜誌連載（《論爭東洋經濟》一九九七年七月～二〇〇〇年三月）的形式撰寫並發表，也因為，在許多章節中也會看到不斷反覆的敘述。這次為了將這些原稿集結成冊，加寫、並重新撰寫了部份的內容。有時你會看到以時事切入的章節，那其實是我刻意將該章節的焦點、問題的本質重新提出之故；由於有時會談到文明論的敘述及較為抽象的議論，部份地方不斷覆述，其實是考慮到讓讀者更便於閱讀、理解而做的嘗試。

再者，同樣地為了讓讀者便於理解，文中的部份引用文也都不時加入括號，放入我的註解；年號、稱位、人名等也以便於閱讀為考量做了一些修正。同時，為了確保引用正確，本書最後也附上了參考文獻一覽表，可參考該表核對文中的引用文。

最後，中國相關的敘述中，始終成為問題的，便是對於核心詞語的定義問題——也就是「中國」，或是本書中不時使用的「中華」一詞之定義。詳細的分析將留在本書的第二章與第三章，不過在此可先用一句話來說明。本書中提到的「中國」一詞，有時指的是較為客觀的存在，亦或是偏向地理性、空間性的表現方式（不過也有像是第三章所述的「中國」），是指稱其最深層的本質部份，等同於由內而外的「擴張」之意，為古典的定義方式）。對此，「中華」一詞則多用於偏向文明論的敘述當中，也就是傾向於「傳統中國」的思想、文化相關內容，亦或是由此衍生出的中國中心主義等中國特有的政治性傾向之描述，此時，「霸權」二字便也帶有重要的含意。

眾所周知地，在中國傳統理念中「霸權」一詞在道德上是具有否定性的負面意涵。從霸權的希臘語源「Hegemony」來看，指的是具有同盟關係的都市國家中，位於宗主立場之國擁有的支配性關係，這也完全展現在「做為帝國之中國」的特質上，與語源之定義相符，歷史上的種種史實也都可做為佐證。此外，此一希臘語中，特別著重於國家或集團間的「政治性、文化性領導關係」，這也與「做為帝國的中國」相當符合。

以上，似乎有點操之過急地闡述了文中的內容，不過，接下來就請各位進入第一章，從更加著重於具體歷史及現實的角度，去了解中國吧。

目錄

新版序 2
序 11

第1章 中國與盎格魯—撒克遜的對峙——香港回歸後的相互衝突—— 23
中國史特有的棘手之處 26
中國思想的現實與落差 30
「中國問題」之核心 32
如何看待「一國兩制」？ 34
不變的東西對立點 37
需要「知性魄力」 40

第2章 「對外過程」才是「中國」的本質 45
中國是一顆「洋蔥」 47
相對於外部的中央 50

語言連續體之存在 53
所謂「天下」之世界觀 57
邁向「普遍」之志向 59

3章
中華秩序的膨脹理論 63
何謂「做為帝國之中國」？ 65
稱為中華世界秩序之國際秩序 67
八百年的戰禍周期 70
「中華統合」之動力 72
中國的疆界？ 76
貫徹中華直到「界限」為止 79

4章
「中華」與「周邊」的距離感 81
是否確實測量過「距離感」？ 84
國際史視野的欠缺 86
「朝貢」是中華的本能嗎？ 90

為何禮遇「卑彌呼」？ 91
中華的修辭 94

5章
作為「亞洲式粉飾」之中華秩序 99
「模糊」的國際秩序 102
反覆出現的「帝國衝動」 105
七世紀確立的日中關係之構圖 108
華夷「對決」的三個類型 109
從日中看到的「收拾」與「粉飾」 113

6章
從中越關係看「亞洲本質」 119
三項「對峙的構圖」 120
從真實的「意圖」看中越關係 121
劃分時代的「衰亡中華」 125
「戰略」與「文明」因素的共存 130

7章 中越之亞洲式和平結構 137
從「庸懲論」到「合併論」 140
「世紀黑暗交易」與「稀有的喜劇主角」 144
越南的強烈對等意識 146
朝貢系統的「和平特質」 151

8章 遠東的戰場——中朝關係的歷史結構—— 155
東北亞在世界史意義的繼續 158
朝鮮對中華的態度受到的制約 164
佇立於二大勢力間的朝鮮 167
握有朝鮮存續關鍵之中華 170

9章 東北亞「歷史的馬賽克結構」 175
日朝對中華國際秩序的差異 177

身處中華「周邊」的朝鮮 180
「比中華更中華」之意識 182
「事大」的嚴苛負擔 185
被冊封體制扼殺的朝鮮國力 188
朝鮮的安全獲得保障了嗎？ 190

10章 中朝「唇齒關係」的本質 193
從中朝關係之底層看到的「不信任結構」 195
地緣政治的宿命與朝鮮宮廷之猶疑 199
無法化解對「征明先鋒」的疑慮 201
以藩屬國為「盾」的自我中心性 205
藩屬國也全都是「內地」 207
朝鮮被剝奪的外交權 209

11章 與中華文明抗衡的「北方之壁」 211
「歐亞大陸規模」的衝擊 212

作為「文明之壁」的北方遊牧勢力 215
害怕「胡化」喪失「華化」的中華 217
不變的機制 219
坐立難安的鄰國對等關係 220
「中華」與「北方」宿命的邂逅 223

12章 中國能超越「西歐的衝擊」嗎？ 227

「西方衝擊」的三個要素 229
適應「國際理論」之課題 232
失去朝鮮與中華世界的消滅 235
在「列強壓迫」下誕生的「種族觀念」 239
多極主義與道義性的關連 241

13章 現代中國面臨的「大歷史之課題」 245

戲劇性登場的「國際法」問題 249

國家主權的主張有如一刀兩刃 252
與浮現檯面的「非中國之中國」之關係 253
西歐的衝擊與接納西歐式國際秩序 256
文明「總體性」之關連 259

14章 21世紀的中國與世界、以及日本 265

中國的「富國」與「強兵」 267
中國加盟世界貿易組織之歷史意義 270
解決「歷史課題」時刻的到來 272
中國外交是威斯特發利亞式?或是中華帝國式? 276
中國外交的雙重標準 277
北韓核武問題的華夷式思考 280
對脫北者問題之美國、韓國、日本的不同處理 282

結語 285
參考文獻一覽 290

1章

中國與盎格魯——撒克遜的對峙

——香港回歸後的相互衝突——

以下的文章，是在十多年前（一九九七年六月）英國即將歸還香港前夕，作者（中西）感到二十一世紀中國抱持的遠大展望，而寫下的文稿。

剩不到一個月，香港就要回歸中國。人們紛紛說道，中國將成為「二十一世紀的世界大國」。不過實際上，在香港即將回歸的當下，人們的疑問與中國本身的未來藍圖，其實都取決於香港回歸後的走向。

究竟中國真的得以成為二十一世紀的超大強國嗎？經濟成長的持續性又將何去何從？將走向民主化、亦或就此分裂？這些開門見山的質問，充斥於世界的各個角落。而所謂的專家們，則個個扳著苦澀的臉孔，說著「劇本台詞」、說著「因素元素」等專業術語，拼命地想要找出答案。的確，在這二〇世紀末，「中國到底會怎麼走」，已逐漸成為凌駕所有問題之上的世界最大命題。特別是居住在這個巨人的東方海上的日本人們，此一命題，也許將成為影響數世紀的「大哉問」。

不過，至少有一事是相當確定的，那便是以香港回歸為界線，近代的中國史將走入新的一頁，中國將展現出迥異的一面，不再是我們至今熟悉的面貌。特別是中國與國際社會的交流，此一面向會更清晰地展現出來。

中國與外部的世界之間會建立起怎樣的全新關係，此一命題恐怕比目前中國國內的各種動向與疑問，都來得意義重大。比如說，富裕且民主化後的中國，必定會成為「和平一邊倒」的國家嗎？今後此一命題將成為最重要的提問之一。

當然，中國經歷與國際社會的緊密關係，已超過一世紀以上。其源頭便是讓中國失去香港的鴉片戰爭，而如今，香港將再度回到中國的手中；同一時間，帶給近代中國史決定性影響的鄧小平，剛好在半年前過世。這些交疊在一起的歷史事件，其意涵遠比我們的想像來得更加重大。之所以這麼說，是因為鄧小平實行的「改革開放」政策，徹底地改變了中國社會。中國史上對意識型態加以控制的傳統、中國社會中菁英的存在模式，都因此有了巨大的變化；不過更顯著的，是「改革開放」政策讓數千年來中國與外部世界的關係有了劃時代的改變。鄧小平打造的中國，已經從「地大物博」（自古以來的中國成語，意指中國擁有各式所需的物產、資源，不需仰賴外國）、「自力更生」（毛澤東時代打出的口號，意指中國的近代化不需仰賴外國）的中國，轉變為如今GDP的四成，也就是最重要的經濟命脈，都交付給外部世界的體質了。鄧小平在留下了這樣的中國後揮手離世。緊接著，經過了約一五〇年後的今天，香港即將回歸。

失去香港後的中國，在這一五〇年間，彷彿是藉由此一「傷口」所發出的呻吟，與國際社會接軌，到了現在，「傷口」帶來的後遺症「疼痛」即將痊癒，中國將會以怎樣的方式重新與外部世界連結　圍繞著中國的各種提問中，這個命題是所有問題的核心。而答案，必須還是還原到中國的歷史當中，才能看出端倪。（《論爭東洋經濟》東洋經濟新報社、刊載於一九九七年七月號）

這是在香港回歸時，我心中浮現的想法。為了將中國未來的展望，與我三〇年來對中國的考察加以重疊探討，本書的視點，將不只從近代，而是以更寬廣的中國史為單位，來探究中國與外部世界的連結。當然，要探討如此遠大的命題，即便僅鎖定一小部份，也是相當困難的嘗試，不過此一命題正是現代日本與世界所面臨的困境，其意義之重大，也讓我相信此一探究與闡明的過程，絕非無益。

中國史特有的棘手之處

從歷史的角度探討中國與國際社會之連結時，最大的問題便是「中國史」中特有的棘手之處。

自司馬遷的《史記》以來，中國就將歷史作為建立文明的一大構成要素，實際上，已不再存有「非關歷史的中國文明」了。印度文明與宗教息息相關，卻具有徹底的非歷史性體質，與優越的歷史性文明為著稱的中國文明，形成強烈的對比。不過，必須先明白的一點是，我們所談論的中國歷史，總是帶有引號的「歷史」。

現代歐洲的代表性中國文明史家，法國的謝和耐（Jacques Gernet）強調了中國「歷史」的特殊性，指出中國史的歷史記述，總是深深受制於傳統中華理念，也就是倫理上的正統主義觀念創造出的歷史觀影響（Jacques Gernet, Le Monde chinois, Paris: Gallimard, 1972）。

對西歐而言這便是一種「神學」，即「真理」、「正義」等非歷史性的夾雜物質一貫地混入於「歷史」之中，當我們想要看清中國原本的面貌時，這些物質總是混淆了視線。

中國史的此一特性，在十二世紀朱子學登場後愈加強烈。此時，剛好也是中國與外部世界產生重大轉機的時代，**其影響也一直延續到現代**。自此，中國的歷史完全融入了「神學」之中，不得不轉變為現代所謂的「中國史」了。

中國的歷史並非是以歷史本質上重要的事實作為依據，而是將社會秩序的精神模式、權力行使的道義性評價視為「歷史」的正統，將極為重要的社會、政治動向，以及經濟、制度、思想、技術的變化等，視為「瑣事」而予以去除切割。即便時代改變也幾乎不為所動的「歷史」成為一種規範，在這樣的背景之下描繪出的「歷史」，成為宛如只有王朝的交替才是重大歷史發展般的特殊記述。

當然其中也是有重要的例外，加上近代史學的導入，「中國史的束縛」的確已逐漸解開。然而，在中國相關的國際關係歷史上，依然強烈地受到此一「神學」的影響。不只是中國人，歐美、日本等世界各地在討論到中國時，也依然受制於此一「束縛」。

在十九世紀以前，只要閱讀到描述中國與外部世界關係的歷史，總是以「夷狄」、「朝貢」、「中華秩序理念」為中心，思想上的觀念彷彿徹底地統治了現實中的國際關係一般。在這樣的史觀下，中國就是屹立於世界的最高權威，其本身就代表了「國際社會」，以「自我＝普遍價值」的心態君臨於外部世界。不過，這樣的史觀真的與現實相符嗎？

戰前日本的中國史泰斗內藤湖南針對這點，留下了相當帶有暗示的描述：

「支那這個國家，不僅限於此（清末），只要與外國的戰爭戰敗了，總是不時地興起種族的概念。久遠以前，宋被蒙古殲滅之時，這樣的概念相當地強烈，讓他們奮戰到了最後一刻。……明朝即將被現今的清朝滅亡時，也是依照這樣的思維戰鬥到最後。於是，每當遭受外國的侵略、敗北，便興起種族概念，等到自己強盛了，就如同船過水無痕忘得一乾二淨，立刻又回到中國就代表天下的思維模式」（一九一一年演講「清朝衰亡論」。《內藤湖南全集》第五卷／筑摩書房／一九六九年／二三九～二四〇頁）。

內藤所謂的「種族的概念」，一般來說指的便是民族主義。不過，這裡內藤所關注的，比起漢族的民族主義，更重要的是古典的「支那國家」在國際社會中其實是複數存在的，他們不過是各自擁有力量與權威的國家群中的一支，依實力的展現不得已地接受彼此的存在，並與其他的國家主體進行角力，以確保自我，這也是中國史底層中潛在的一種觀念、或說衝動。以此角度來看，「種族的概念」其實比較接近於察覺到自己僅是「One of them」的「國家的概念」之基準。或者可以說是介於兩者中間的某種思維模式。

將上述的概念更加清晰地勾勒出來的，是清末改革派政治家康有為於一八九五年所著的《公車上書》，這是為反對日清戰爭（甲午戰爭）之議和（馬關條約）所寫下的文章。當時的中國該以怎樣的方式與國際社會接軌，康有為以向清朝皇帝「上書」的形式，探討了此一根本性的問題。康有為從本質切入，論述中國眼中國際社會的存在，提出了「並爭之世」與「一統之世」二種模型，並呼籲中國今後應當要接納「並爭」才是世界的普遍思維，而非「一統」。

「並爭」指的是各國各自獨立、擁有對等的主權，進而相互競爭的狀態；而「一統」則是單一國家擁有卓越的權威與實力，世界經由它統合為一之局勢。內藤湖南所說的「中國代表天下」，指的便是此「一統」之概念，而這樣的概念除了依據優勢的實力，更是出自於強制的道德性權威優勢，進而形成「基於中華概念的普遍性帝國」之意識。

相反地，當力量的限度被超越而衰敗時，便從「普遍性帝國」轉變為「萬國對峙」的國際社會觀，這樣的觀念轉變總是不斷的重複出現，與其說是「並爭」、「一統」，不如說根本上中國還是依據力量的強弱，來決定國際秩序之變動。

換言之，對國際社會的態度之變化，是取決於極致的「力量意識」，而造成此一動因的根源，便是中國思想中特殊的一角，即一種本質上的實用主義。

實際上，在分析中國時，該如何折衷理解「思想上的中國」與現實的中國，對日本人而言是相當困難的一部份。古典的中國文化在進入日本後，內化成為普遍性的思想，即儒教體系紮根於日本，這也是日本人深層地感受到「中國式元素」的部份，**無意識**地滲透到日本人根深蒂固的中國觀之中。換言之，日本人的中國觀，是與現實脫離、經過純化的「思想上的中國」，也因此，對於之後在現實中遭遇的中國，總是容易出現過度否定的傾向。這個問題今天依然存在，是日本相當嚴重的問題。

日本人該如何克服這幾近於無意識、已經身體化的「思想」中心之中國觀，並建立起「實事求是」的中國觀，不再在巨大的鐘擺中舉搖擺不定，而是尋求新的、穩定的中國觀，才是最重要的。如何以新的觀念思考二十一世紀的亞洲，可以說是日本人目前面臨的最大課題。

中國思想的現實與落差

在上一節中引述的「清朝衰亡論」內藤湖南也提到了相當有意思的論點，中國思想中「該有的樣子」，與社會上實際的樣貌，總是帶有極大的差距。

「支那人提倡的抽象規範與實際情形上，總是不一致。（比如說）支那的女性其實相當強悍，支那人也相當害怕自己的妻子，懼內、畏內都是社會上通用的說法；然而在社會的規範上，卻不斷強調婦人是不可以佔有突出的社會地位的」（內藤．前引書／二四七頁，粗體強調／中西）。

另一項中國在「思想」上顯著的虛構性，則是在兵事（軍事）上的避諱觀。俗話說「好鐵不打釘，好人不當兵」，的確和平主義也是中國思想中的一部份，更是強而有力的理想（比如林語堂《吾國與吾民》等主張），**然而，只要見諸歷史的事實**，便會發現中國史上對於軍人形象或是軍事長才，多給予相當高的評價，也是菁英獲得社會崇敬的一大根據與基準。

就算先不論「三國志」中的關羽或孔明等通俗的歷史人物，像是宋末的岳飛、清末的曾國藩等人，在評價其「情操」、政治手腕的同時，軍事上的成就也受到相當的重視。即便是陽明學的始祖王陽明、鴉片戰爭的要角林則徐等擁有優秀人格、高潔志向的文官讀書人，他們對於軍事問題的洞察力、實際在戰場上的指揮力等「軍事」相關的卓越能力，也成為讀書人的理想形象，這也是不爭的事實。

軍事不論在怎樣的體制、文化中，終究都是一等一的國家大事，而且總是由睿智的文官直接掌控，這可以說是世界史的常識了。就如喬治．克里蒙梭（Georges Clemenceau，第一次世界大戰時的法國總理）所言：「戰爭太重要了，不能交由軍人決定」，這已不侷限於近代歐洲，而是具有普遍性的觀點了。恐怕只有日本因為武士文化的特殊性及對帝國日本的特殊經驗之影響，至今依然無法充分掌握此一論點。

無論如何，所謂的「中國輕武」其實只是「應該要輕武」的虛構規範，現實中則是以徹底的實用主義不斷地尋求了解到「太重要了不得輕武」的「賢人」，這才是中國思想的本質。

「中國問題」之核心

今日，分析中國的核心提問，應該可以要約成以下的三大命題。

①中國依然能稱為共產國家嗎？
②中國依然是開發中國家嗎？亦或已經是健全的經濟大國了？
③中國依然是「中華帝國」嗎？

不論哪一題都是難以一言以蔽之的命題，不過其中的①和②，也許在不久的將來，便能找到更加明確的答案，至於③的「中華帝國」，其代表的若是中國對外關係之面向，那麼相較於其他的命題，它將是更加難以解答的提問。

倘若中國真如眾多中國史學家不斷闡述的一樣，過去數千年來都是以「中華」、「天下國家」的觀念及行動屹立於國際社會，其文明的核心部份也堅定地維持著這樣的理念的話，僅僅一百多年前康有為提倡自「一統」至「並爭」的轉換，真的有辦法在短短一百年間順利地完成嗎?自「改革開放」政策建立起的對外依存體質，又是如何去運作的?這些都是必須去探討的問題。

一般而言，自鴉片戰爭以來中國連續的戰敗（一八五六～六〇年的英法聯軍戰爭、八四～八五年的中法戰爭、九四～九五年的甲午戰爭、一九〇〇～一九〇一年的「義和團戰爭」等，六〇年間對外戰爭連續戰敗五次），動搖了中華思想的根基，加上一九一〇年代的辛亥革命、二〇年代的國民革命以及四〇年代的共產革命等三次革命，徹底摧毀了「中華意識」，這是普遍的看法。

這麼說來，現代的中國，應該已經完全立足於近代西歐提出的近代國家體系與「並爭」的國際社會觀才是。然而，在這樣的前提下，又該如何去理解將影響香港未來走向的「一國兩制」概念?這明顯地有別於一般近代國家的國家體系。

相反地，這是不是也能看作成為近代國家的中國為了再次統一，（依承諾，將於香港回歸五〇年後）在二〇四七年前進行的「轉換措施」呢?亦或，這是出自於中國文明根深蒂固的「獨特國家觀」之制度?若以此觀點來看，這是超越了國家的再統一，而適用於其他諸國與地域的中國國際關係嗎?

此外，現今中國所呈現出的國家觀之「獨特性」，與近代化國際社會觀或所謂的中華世界秩序觀，是否有相似的一面?

回歸後六年，二〇〇三年七月一日，五〇萬的香港市民走上街頭，舉行了大規模的遊行，要求北京政府開放香港民主化，隔年七月，再次舉行了數十萬人規模的遊行，要求政府依據「一國兩制」實踐民主化。抱持著獨特國家觀及國際社會觀的中國，究竟能夠持續遵守「一國兩制」的承諾到何時？今後在思考香港問題時，必須敏銳地抱持此一問題意識。

如何看待「一國兩制」？

一九九七年春季，中國的報紙《北京青年報》大肆報導了現代中國的著名電影導演謝晉執導的電影《鴉片戰爭》將於六月初起，於中國各地及香港上映的消息（同報／九七年四月一六日）。這相當地符合現在我們正打算深刻地思考香港的未來及展望，並依據前述的中國國際關係觀，來深層地探究二十一世紀中國與國際社會的連結方式，也就是與本書的主題。

在近代世界史中，「香港」始終佔據了中國與盎格魯－撒克遜（英國及美國）關係上的焦點位置。而二十一世紀的國際社會上，中國最大的課題，同樣在於該如何面對美國、正確來說是該如何面對像是香港民主化運動背後所蘊含的「盎格魯－撒克遜式的力量與價值觀」這點上。在思考「香港」問題時，二十一世紀中國與國際社會的連結上，最重要的問題便是「與盎格魯－撒克遜勢力之關係」，即便是台灣問題也沒有此一問題來得嚴重。

香港回歸前一個月，一九九七年五月的《紐約時報》刊登了長篇的社論，提到以下的內容：

「現在，美國應該要站出來，阻止香港的自由社會遭受破壞。而香港的回歸，僅是更重大問題的一部份。這個更重大的問題，便是中國將成為一大強國立足於世界，這恐怕是對現代世界最艱難的一項挑戰。十二億的人口與不斷發展的經濟，加上渴望成為軍事大國的志向，中國將來勢必成為美國的對手」（「救助香港」轉載自《International Herald Tribune》五月十二日）。

更不用說，對二十一世紀的日本而言，美中關係本身就具有了決定存亡的重要性。過去因英中的衝突而爆發的鴉片戰爭，也賦予了幕末日本決定性的衝擊，激發了明治維新，可以說是「日本史規模」的重要史事。

在二十一世紀初期的今日，世界史規模的「中國的登場」之下，回歸還不到一〇年，香港的民主化紛爭便已出現，香港的現狀與維持現狀五〇年不變的「一國兩制」未來走向，開始被視為是「東西文明的對峙」問題。回歸後的香港所發生的種種問題，是否可視為中國與盎格魯－撒克遜式價值觀與歷史性的競爭，在此一角度下，對日本又具有怎樣的意義呢？香港回歸後依然在水面下持續進行的中國與「盎格魯－撒克遜性質元素」之競爭，並非僅只於日本人口中說的「香港經濟的未來」、「最惠國待遇問題」等次元，而是有可能發展成具有

「日本史規模」的重大問題。

實際上，《洛杉磯時報》的專欄作家Thomas Plate便指出，回歸後的「香港問題」，其本質上的事實便是「東洋與西洋之間，對於人權與自由具有極大的落差」（同報／一九九七年五月八日）。另外，九七年五月，確定就任回歸後「香港特別行政區」行政長官的董建華，在記者會上發言如下：

「我不是在說自由不重要，只是西洋真的完全不了解中國文化。現在正是我們要明確表示出Who we are的時候，比起人權，社會的秩序才是更重要的，這樣的想法才是我們的本質（What we are），今後也不會改變。我們才是真正的香港，我們將以我們的方法做下去」（《南華早報（South China Morning Post）》一九九七年五月三日）。七年後，董長官早已完全失去了香港市民的信任。

被大陸經濟躍起之陰影遮蔽了視線，香港未來問題總是無法進入日本人的視野，中國與「盎格魯-撒克遜」的世界史規模競爭，已不再是戰後日本的「經濟常識」，所謂的「沒有人會殺生金蛋的母雞」這般簡單，而是帶有文明論性質的深層意涵及尖銳問題，也因此，在前述的《紐約時報》社論中，甚至提到「香港回歸，是美國國力（American Power）的試金石」。

不變的東西對立點

實際上，「鴉片戰爭」（一八四〇～四二年）與「香港回歸」（一九九七年）這二起英中及美中間的競爭，經過了一五〇年依然如故，皆被視為「東西文明的衝突」，這也是我們必須關注的焦點。

的確，「鴉片戰爭」的焦點多是放在英國欲將鴉片（走私）進口至中國。但此一問題的背景，則在於英國方面主張私有財產及自由貿易等「普遍性理念」；而中國（清朝）方面則是從中華思想的對外觀採取行動，認為政府擁有停止貿易的權利，主張單一國家單位的自主權。而現在香港所發生的對立，也是主張人權、民主主義等「普遍性理念」與不得干涉內政原則為主的單一國家單位之「主權」之爭論。再加上香港問題中還包含了五〇年不變的「一國兩制」國際誓約，日本已快不復記憶的香港民主化（或說民主制度的維持）問題在北京政府與英美派媒體的競爭中，已成為二十一世紀亞洲情勢中第一個重大的戰略焦點。

這也許也說明了，儘管經過了一五〇年，中國與盎格魯–撒克遜的對立點，在本質上依然沒有任何的改變，也讓人感受到「歷史構造的一貫性」令人驚訝的強烈一貫性。至於此一問題的背景，則必須從文明史的觀點，才能夠一窺究竟。

在著重於文明史觀點的同時，也不可忽視這其中還密切含括了權力的要素。爆發鴉片戰爭的一八四〇年代，正是大英帝國打敗法國大革命與拿破崙帝國，在世界「七座海洋」上建立起海上霸權，也就是所謂「不列顛治世（日不落帝國）」達到頂點的時期。到了現代，面臨新的香港問題之際，另一方的要角美國，則是自二十世紀中期繼承了大英帝國的霸權，戰勝與蘇聯的冷戰，以「唯一的超大強國」之姿，進入二十一世紀，摸索著「第二期美利堅治世」，其背後也出現了對「帝國」的質疑聲浪。

實際上，自一八一五年後約二世紀的「盎格魯-美利堅治世」時代，可以看出一緊密的連結。由此角度來看，也更能理解為什麼鴉片戰爭後經過了一六〇年，中國與盎格魯-撒克遜的對峙在本質上還是毫無改變。那就是，為了在國際社會中推動超越國境的「普遍主義式理念」，權力次元中的「霸權式優越」成為前提。所以不論是一八四〇年代、還是二十一世紀初期，讓霸權式優越覆蓋全世界的，都是盎格魯-撒克遜國家（亦指美國），「自由貿易」、「人權」等也都是「盎格魯-美利堅治世」霸權的本質之一。

另一方面，在中國看來，一八四〇年代與二十一世紀初期也有共通點，那便是不論在哪個時期，中國都具有成為強而有力的東亞地區霸權國家的可能性。換言之，其間的一世紀半，則是中國在國際社會影響力及歷史上最為衰退的時期。此一時期，能與盎格魯-撒克遜勢力對抗、角逐此地區霸權的強國，僅有日本與俄國（及蘇聯）。

再者，一八四〇年代的中國，雖然擁有足以與英國主張之理念對抗的獨特理念（中華式世界觀），在純粹的權力次元（近代化軍事力）上，卻是徹底地處於劣勢。相反地，在今日二十一世紀初期，中國綜合性的國力已較過去大大提升，足以與盎格魯－撒克遜勢力對抗；然而在脫離毛澤東思想後的鄧小平時代，卻不再擁有與盎格魯－撒克遜式價值觀明確對立、對抗的價值體系，在理念上處於劣勢。

香港目前面臨了「歷史審判」的局面，受制於「權力」與「理念」以及「文明」等歷史動因之中，哪一項勝出，也就決定了香港的未來。

在此已經越來越難以日本人的視角來觀看，香港目前正處在「香港大陸化」、亦或成為中國民主化之「突破口」的十字路口上，成為預測二十一世紀亞洲走向的政治・意識型態戰略的焦點。當然，此一競爭並不可能一下子「分出勝負」，作戰也將採取多次休戰、長期對抗的方式，時而隱藏於暗處，在表面看不見的「戰場」默默作戰。此外，日本當然不可能得以永遠只當一個旁觀者，被捲入戰場中的可能性也是相當大。

不過，當「價值觀」、「文明」成為競爭的重點，相信日本的選擇將會陷入進退兩難的困境。中國，恐怕是採取讓香港走向「新加坡化」的戰略：作為市場經濟旺盛成長之場域，確保其必要的社會體系及近代化生活環境，再逐漸走向「指導式民主主義」。然而，亞洲出現「另一個新加坡」，這對日本具有怎樣的意義呢？至少在歐美看來，「東西對立」中的「東風」逐漸增強，脈絡上不是他們會容忍的。此外，我們也必須持續地聚焦，關注「中國市場的魅力」能夠壓抑歐美，特別是盎格魯－撒克遜勢力的「民主化介入」到什麼時候。

無論如何，對日本而言，我們不能僅注視表面上的應對，也不能僅關注影響自身存續問題的「市場理論」，而是要貫徹「睿智」與「成熟」的態度，凝視中國與盎格魯－撒克遜兩者間的一舉手一投足。

於此，我們不能單從「權力」之面向、或抽象的「價值觀」議論、亦或「文明」的觀點去觀察，還要以身為一主權國家、獨立文明主體的角度，從美中兩者的戰略、戰術中切入，以知性與精神上的能量去理解棋盤上的各種佈局才行。這是因為，就是要靠這樣的能量與迫力，日本才能在二十一世紀中確保自身的生存。

需要「知性魄力」

一九八二年，當英中開始針對香港回歸進行交涉時，相信沒有人會想到，僅在二年後的八四年，便立即達成了如此總括性的回歸內容，發表了「英中共同宣言」。

決定性的轉機發生於一九八三年九月。面對不願意輕易歸還的英國，鄧小平很快地便丟出了「王牌」。鄧小平表示，若英國不回應，即便最後犧牲掉香港的經濟，他也要以「單方面的行動」完成回歸。鄧小平在與盎格魯－撒克遜的交涉棋局中，採取了「犯規」的手法，而英國在面對這樣的「王牌」，當然也只能屈服。不過，對於盎格魯－撒克遜的戰略文化來說，就算暫時性屈服於露骨的「武力」之下，這也只是為之後長期性的展望及訂立新的戰略爭取時間罷了。

另一方面，鄧小平的戰略，則是抱持著解放殖民地的「正義」，確保自身的優勢立場，在周全的準備下一口氣直攻對手心臟，是中國外交特有的手法。這也與鴉片戰爭時英清交涉的模式如出一轍。

如今已經成為世紀懸案的清朝禁鴉片政策，是在道光十八年（一八三八年），欽差大臣林則徐前往廣州（廣東）宣佈嚴禁鴉片進口開始的。在經過了周全的準備，隔年一月，開始要求前往廣州的所有外國商人立即交出鴉片，並簽下誓約書同意以後再也不進口鴉片到中國。英國商人身為最大規模的鴉片進口商集團，當然起身反抗。

此時林則徐立即丟出了「王牌」，他包圍了廣州的英國商館，採取斷絕內部用水、食糧的激烈手段（一九八三年，鄧小平同樣威脅英國首相柴契爾，將停止提供香港島水與食糧）。英國的商務監督（實質上的領事）義律（Charles Eliot）採取了盎格魯－撒克遜的經典手法，「面對這露骨的蠻力威脅，我方先暫時退讓，退讓的同時也確保今後反擊的契機」。而林則徐則將此一舉動視為英國的「示弱」，因而免除了簽署誓約書的手續，僅沒收了鴉片便解除包圍，放走義律，給予了英國反擊的機會。

拒絕接受鴉片沒收之補償，這樣的舉動讓義律及英國政府確保了「財產權侵害」的王牌。「財產權」帶有的神聖語感，也讓倫敦的輿論與議會走向英國政府期望的方向。

至於一九八三年九月，受到鄧小平突出其來的「一擊」，柴契爾也只能姑且同意將新界與香港島一同歸還於中國。不過，鄧小平在此卻「失手」了。八四年六月，與香港派來的代表團會面時，鄧小平保證在香港實際歸還後，將可享有「一國兩制」。英國當然不會放過此一機會，立即提出了「一國兩制五〇年」之條款，積極進行英中交涉，最後在同年九月達成了英中共同聲明。

聲明中明確指出「歸還後，維持現狀五〇年不變」，具體的內容也明確地條列而出：「現行社會、經濟制度不變；生活方式不變。香港特別行政區依法保障人身、言論、出版、集會、結社、旅行、遷徙、通信、罷工、選擇職業和學術研究以及宗教信仰等各項權利和自由」（英中共同聲明附屬文書第五項）。於是，英國獲得了歸還後的「介入權」。

另一方面，一五〇年前的鴉片戰爭，也在獲釋的儀禮積極運作下，英國政府得到閣議許可，組織了堅強的中國遠征軍，英國大艦隊就此航向廣州。而在二十世紀末，「天安門事件」也讓英國在一九八四年不得不屈服的事實，多了「名譽之撤退」之美名。至今始終認為自己被英國「拋棄」，「固執」於西方自由社會價值觀及生活方式的香港居民，經過天安門事件，對於北京政府的疑慮更是一下子爆發，成為香港根深蒂固的共識。

即便進入二十一世紀，每年在天安門事件發生的六月四日，香港依然會有數十萬的居民上街遊行，高喊著「守護香港的自由」，對於專在水面下進行香港政局「大陸化」的北京，其陰險的手法也逐漸引起香港中產階級的反彈與警戒心。英國在看到天安門事件的瞬間，也許就已預見了這樣的結果。

於是，即將在九七年依約退出殖民地的英國，因為「天安門事件」得以提前開始運作，強化回歸聲明中鄧小平失手妥協的「一國兩制」。柴契爾任命彭定康（Chris Patten）為新總督，著手進行所謂的「典型民主化」。中國方面起初認為這只是單純的「找碴」，就像是林則徐也將英國拒絕交涉視為「單純的威脅」，直到英國艦隊找上門來為止，都沒有任何作為。中國這樣的態度最後招致的是懿律提督（與前述商務監督為堂兄弟）旗下的大艦隊（一八四〇年二月）、是彭定康總督實施立法評議會選舉（一九九五年九月）。

一九九六年三月，正值台海危機（中國人民解放軍於台灣近海發射導彈，美國派遣航空母艦前往台灣海峽之緊張情勢）之中，英國梅傑首相（John Major）造訪香港，在香港市民面前發表演說，表示今後五〇年內，若中國違背「一國兩制」原則，英國即便訴諸國際社會，也一定會讓中國遵守承諾。近年，看到中國領導層對香港的處置手法，可以感受到他們對於英國首相的這番演說，或多或少帶有輕視的態度。不過，看輕盎格魯－撒克遜的「話術」，有時是相當冒險的。

九七年六月三〇日，歸還典禮當天，英國的查爾斯王子站在香港的土地上，發表了「香港的自由將永恆持續」演說後，便與彭定康總督一同搭乘英皇室專用的遊艇緩緩離開香港。這與一五〇年前的英國艦隊彷彿重疊了，若以歷史的比喻而言，他們也許是沿著中國大陸的沿岸一路緩行向北，駛向「北京」，當然，是在與台灣外海上的美國航空母艦會合之後。

2 章

「對外過程」才是「中國」的本質

如前章所述，香港回歸造成了居民間對於「自由」與「祖國」的糾葛，而另一方面，中國與國際社會的連結，「中華問題」也再次浮現。回想起來，在一九九七年六月三〇日至七月一日回歸當時舉辦的無數官方典禮上，（當時的）江澤民國家主席等中國領導人，都不斷地透過演講或中國媒體，反覆地訴說著「振興中華」一詞。

這明顯地是針對一五〇年來，英國帝國主義的香港統治劃上休止符，中國國民「苦難與恥辱的近代」終於結束，所表達的歡慶之意。接著，在這歌詠「中華」的背景之下，香港回歸僅是中繼點，其中還包括了透過改革開放政策加速邁向經濟強國，並推進併吞澳門、台灣的終極統一等想望，期待「中華民族」崛起時代的到來。

不過，他們口中說的「中華」，指的到底是什麼？散佈在東南亞、世界各地的旅外華人，也就是所謂的華僑等各國的華裔居民口中說的「振興中華」，與北京領導人所提倡的，又有怎樣的共通點與相異點？此外，這對於佔了世界人口五分之一的華裔居民以外，構築起國際社會的非華裔的人們而言，又具有怎樣的意義？距今十六年前（譯註：以本書初刊時計算），香港回歸時不斷出現的「振興中華」一詞，也迫使關注中國與國際社會連結的人們，再次開始思考，究竟何謂「中華」這個問題。

所謂的「中華」，被視為現今漢族的遠祖，而其「中」字，指的便是中國，也就是中間、內部等所謂（國家的）中央之意涵；「華」指的則是漢族的發源地，也就是洛陽盆地西側山地，華山。

一般而言，「中華」一詞之用法，較「中國」來得新穎，在編著《漢書》的東漢史學家班固（西元三二～九二年）所留下的《兩都賦》一文中，寫道：「目中夏而布德，瞰四裔而抗棱」。這裡的「中夏」意即中國，取漢族的古稱「華夏」、「諸夏」，將「中」、「夏」二字連結來代表中國。換言之，這被視為「中國」的語源，也代表了在「中夏」、「中華」之前，「中國」一詞已率先存在。而「中國」一詞的用法，起源更早，要追溯到秦朝統一之前的春秋時代。在《春秋左傳》中記載的「中國不振旅，蠻夷入伐」，便是一例。

不過，「中國」這一名稱實在說得相當傳神。所謂「名能表態」，當思考到「國際社會中的中國」時，此一名稱，可以說是大大地表露出中國的本質。

中國是一顆「洋蔥」

「中央之國」，至少有二〇〇〇年以上，「中國」使用了這樣的名稱代表自己。不過這與瑞士因為位於歐洲諸國之間，因而稱之「中央之國（Mittelland）」，明顯地具有完全不同的含意。比起發源自秦朝的「China」、「支那」等稱呼，其實「中國」一詞起源更早。了解到這一點，對於理解這個國家的本質，是相當重要的一環。

了解「中國」一詞真正的由來，不只能幫助看透這個國家的本質，也提供了理解此國與世界（國際社會）之連結問題的重要關鍵。

說得明白一點，若將中國的國家本質比喻成「宛如一顆洋蔥」，倒是相當維妙維肖。這裡指稱的內涵，與戰前日本的大陸擴張論者不時提及的「中國沒有國家意識」等膚淺的視角，是有所不同的。

為什麼是膚淺的視角，之所以會這麼說，是因為這正代表了他們放棄深入思考中國「國家意識的特殊性」，自始至終都是在外部的世界針對中國問題來來回回，僅具有眼前的短淺視野，才會如此斷言。

不過，現在再來指責十九世紀、二〇世紀初期的見解有誤，也是無濟於事，反倒是在社會主義中國持續了六〇年後的現在，中國的外貌呈現出強烈的國家性，反而讓人模糊了視線，開始認為「中國是具有過度國家意識的國家」，這樣的見解其實同樣潛伏著問題。

香港回歸時，眾多的日本媒體看到因「回歸中國」而欣喜的香港居民、看到表示「贊同回歸」的台灣居民或華裔美國居民而難掩困惑之情。

嘴上說著「慶祝回歸」的香港居民、一瞬之間露出「終於雪了一世紀的恥」等欣喜表情的台灣或華裔美國居民，他們的這些情緒，對於北京政府統治下香港今後走向之不安、以及身為中華**民族**一員的反應，其實是極其自然地同時並存的。而部份的日本媒體在面對這樣子的反應時所表露出的困惑，正代表了日本人對於中國「國家」與「民族」的特殊關係，還是一知半解。也可以說，這與戰前「中國不具有國家意識」的見解，其實是十分相似的。

藉由深入理解中國在「國家」與「民族」的特殊關係，不但能了解所謂的「中華民族主義」，在思考中國與國際社會的關係時，也是不可或缺的大前提。

「中國宛如一顆洋蔥」這樣的表現方式，指的便是其中的「中核部份」，也就是人種上、民族上的核心區塊，是極為不明確的，同時，此一比喻也是在提醒各位，去關注洋蔥「莖部」的頑強運作。

現在的中國人民，也就是中華人民共和國的人民，官方分類為「漢族」，其他則劃分為「少數民族」，是像壯族（一五六〇萬人）、回族（八六〇萬人）、維吾爾族（八〇〇萬人）、彝族（六五〇萬人）、苗族（七四〇萬人）、滿族（九八〇萬人）、藏族（四五〇萬人）、蒙古族（四八〇萬人）等，共分為五〇個以上的民族。這樣看下來，不禁讓人真的以為有所謂漢族這樣的單一民族存在，然而這其實只是在與少數民族對照之下，所產生的錯覺。這樣的視點，在觀察二十一世紀的中國時，也是相當重要的角度。

足以代表現代日本東洋史學家的岡田英弘曾表示：「所有的漢族，都流有神話裡中國第一位帝王．黃帝之血脈，也就是說中華民族即『黃帝的子孫』。這樣的觀念，最初是始自於一八九五年，清朝統治的中國在甲午戰爭敗給日本，開始轉向近代化、西歐化之後才出現的。於今日被稱為『漢族』的人們，其實當時為止都沒有把彼此視為同一民族之連帶觀念」（岡田英弘「東亞大陸的民族」／橋本萬太郎編《漢族與中國社會》／山川出版社／一九八三年、四八頁）。這是的說法是依據歷史性本質，以近代化的民族觀念論述「中華民族」的起源而來，是極其明確的論點。然而，在論述中國的民族（漢族）與**國家**時，最棘手的問題在於，必須追溯至久遠以前，思考作為政治上一統性之「中國」，其構成成員的歸屬感、「具有共享同一體系之文明所產生的同胞意識」是如何形成的問題。此時，在追溯到遠古之前的同時，也必須去探討「國家」與「文明」，此一極為複雜的問題。

在現今中國的土地上，西元前二二一年秦始皇統一中國，是首次出現可以稱之為「中國」的**政治上**一統性。在秦始皇統一之前的中國，也就是「中國以前的中國」，其實是在「東夷、西戎、南蠻、北狄」等各種族、各國、各王朝，以洛陽為中心遍佈黃河中流域，不斷重覆興亡、融合、分裂當中，才逐漸形成中國人，也就是漢族（華夏族）的概念。

這裡所謂的「中國人」，其實不時地與「夷狄」等各種族互相接觸、融合，進而形成**都市居民**，是一種優越的文化概念，以人種來說，其實該說是「蠻」、「夷」、「戎」、「狄」的子孫才是（前述的岡田也是秉持這樣的見解。橋本編、同前引書）。換言之，最初所謂的「中國」，其實就是「洋蔥」的概念。

相對於外部的中央

實際上在思考中國所謂的民族時，以下三點是決定性的重點。其一，不論是稱為「漢族」、「中國人」或任何其他的稱呼，擔負了古代中國史的集團，總是在極度缺乏人種、種族核心的情況下，聚集於所謂「中原」之地，也就是大陸中心部；進而在擁有迥異生活形態的各種族（四夷）之接觸交流下，以「無中生有」的形式、在嶄新的社會脈絡（都市形成）下，以人為的方式產生具有統一的集團、集團觀念的族群。意即，「中華民族」的形成，其本質上的契機，其實源自於多元的角度，在極其偶發性的接觸與相互作用下，以「**內向性**同化」的方式形成的。

「中華」性質的組成要素，其本質的起源，便在於中國文明的去種族性，並透過接觸吸引邊境地區或種族的歷史性同化力。換言之，這正是「洋蔥」型中國的誕生過程。

當然，世界上眾多的民族都是藉由各類相異的要素相互接觸、融合而形成的，上述的中國誕生過程，看似也相當普遍。不過，同一時期，同樣標榜「普遍文明帝國」的羅馬帝國，儘管時代變遷，也始終保有其核心價值，在種族、文化上都極為狹義，內包了拉丁、義大利式的一貫性地鮮明存在於其中。至於中國，其特徵則是每一次都會產生與構成要素截然不同的全新生活形態，並反覆出現根本上的文化性變形（metamorphose，全面性變化）。基本上，中國沒有起源、欠缺人種上的核心契機，總是不斷地反覆變化，也沒有能夠稱為「民族性原型」的元素。這便是思考漢族形成及特質時的第二個重點，此一角度也與中國文明中顯著的「都市文明」性格有相當大的關連。

中國文明中的「都市」化性格，在之後思考中國國家本質上，是極為重要的一點。中國的都市多為「城郭都市」，更重要的是皆具有「商業場域」之本質。早期，中國國家的本質起源於都市的商業管理，也因此，中國的國家根幹，始終不是農村，而是都市。從都市網路的行政組織化，擴大成為政治統一體，進而演變為國家，「成為」中國。正如岡田英弘所言：「中國的本質便是以皇帝為至高點的一大商業組織，在其經營下，各商業都市群的營業範圍，便是所謂的『中國』」（岡田／同前論文、橋本編／同前引書）。

「國」字的字義，常被定義為城郭都市（「國」音似「郭」），而「中國」則是首都的「城壁內側」之意。之後字義經過擴充，「中國」意指首都直轄之地域，也就是「京城內」，最後演變為皇帝統治權實施範圍之內，皆稱為「中國」。

因此，「中國」常被誤解為「世界中心之國」，說的明白一點，其實指的是「對照外部的中央（內部）」，這內向性的含意，才是點出中國本質的解釋。而這樣的視角，才是今日在思考中國與國際社會之連結時，極其重要的一環。

「中國」這個空間，將都市城壁之外的世界劃分為「蠻、夷、戎、狄」，這明確的界線也帶有相當重要的意義。不過，更重要的則是對「外」的強烈界線性及「外」與「中」的二元性。在另一方面，此一對照外部的中央，依含括性、同化力又具有極端的可變性。換言之，不論出身於什麼樣的種族、人種，只要曾居住於此一都市中，設有「戶籍」成為市民，並實踐了勞役、兵役等市民的義務，並依照職業別穿戴正規的服裝，那麼此人便是中國人，便是秦朝統一之前的「華夏」人。

意即，不論是漢朝之前、亦或之後，「漢族」此一人種都是不存在的，自始至終都是一文化上的概念。這便是在討論「漢族」、「中國」時決定性的重點。因此，居住於都市與都市之間，「沒有被圍起來」的地帶（農村）之人，對漢族（即中國人、都市市民）而言，就是「夷狄之民」。

隨著時代變遷，越來越多的夷狄移居至城郭都市、設置戶籍，在西元前二二一年秦始皇統一之前，黃河及揚子江沿岸的平原地帶，大半的夷狄都已「中國」化，原有的蹤跡跟著消逝，而居住於山間僻壤與秦帝國版圖之外的周邊各民族，則成了「新的夷狄」。

語言連續體之存在

第三點，中國的民族成立，看重是否通用漢字作為文字體系來進行溝通，只要符合這一點，便被視為中國文化圈，而圈子裡的人即為「中國人」。這麼一來，朝鮮半島、日本、越南等地，至少在近代之前，都可依此理論被劃分至「中國」的範疇之內。是否使用漢字作為溝通手段，成為民族概念的支柱之一，只要稍微了解到這一點，便可理解在思考中國民族時，為何總是極端地複雜又微妙了。

此一定義同時也可以看出，在討論「中國」為何這個問題時，「文字」與「語言」間深層緊密的關係，這也是其他文明圈不曾出現的。實際上，只要稍微著眼於中國大陸及周邊地域的語言分佈，便會發現這幾乎是網羅了世界各語系，極端複雜的狀態。東北有朝鮮語、通古斯語、滿洲語、蒙古語；西北則是包括了所有突厥語系的「阿爾泰語族」；西北也有少數的「印歐語族」；中央地帶則是中文、西藏．緬甸各語系，也就是「支那．藏語族」的大族群；南方則是泰語系及少數越南語等孟高棉語系的「南亞語族」；再加上台灣的「馬來．玻里尼西亞語系（南島語系）」。將這麼多多彩多姿的語族劃分成一狹隘地域（中國大陸及周邊）的政治共同體（以國家來說為中華人民共和國），在地球上可說是絕無僅有。

不過在思考中國的國家性與周邊諸國、諸民族的關係時，還有更重要的一點。那便是這些複雜的語族，並非只是單純地雜居在一起，最近的研究闡明，這些多樣的語言已超越了語族的框架，在語言構造上形成了「單一的連續體」。從中國本土北部的阿爾泰語族到南端的南亞語族，在每一個相異語族交接重疊的邊境地帶，都可發現他們透過中文的各種方言，以一種「構造上的語言連鎖」來進行語言的推移（橋本編／同前引書）。這令人驚訝的「語言性連續體」，讓所謂的漢族集團中的各族群及其文化圈，得以以「中原」地區為中心，歷經數千年將周邊的各民族漸漸地吸收，進行「內向性同化」，留下壯大的歷史過程痕跡。

其中，本書特別關注的，是中國內部及周邊地域中，在各境內展現出語言文化之豐富多樣性的同時，其構造上，則以中文的各語言（方言）作為中間形態，保有逐漸推移的連續性。這一點，對於探討被稱之為「東亞世界」的中國，在歷史世界中的國際秩序，具有相當重要的指標意涵。

包含中國及周邊地區的「東亞世界」，不只是在自然生態、語言文化形態上，即便在歷史性的國際秩序（各民族間的秩序）中，中國內部秩序因素之間，都存在有「單一的連續體」作為推移形態（graduation）。中國及其周邊勢力間的關係，總是缺乏種族、語言、自然邊界或生活形態等明確的不連續斷面作為「國境」，而是不時地依照權力關係及其他的歷史性、政治性因素令「邊界」具有相當敏感的變化特質，這樣的特性與上述的單一連續體，也是有所關連。也因此，在這樣特質的延續下即便到了二〇世紀，中國的領導人腦中，才能夠如此輕易地浮現出「一國兩制」，這種與近代國家體系大相徑庭的思考模式與想像。

至少我們可以理解，之後被稱為「中華國際秩序」的內涵與東亞大陸上以語言作為基層文化的極其特殊「連續體」之間的關連，成為中國對外關係的基本因素，並逐漸形成文明構造與對外關係的一種相互作用。說得明白一點，意即此一「洋蔥型」的中國文明特質，深深地反映出中國歷史上的國際秩序及中國對周邊世界的看法與態度。此一歷史性東亞國際秩序，其實也是反映了「洋蔥」構造的本質，此一假說可以說是目前相當強而有力地的論點。

不過更重要的在於，作為語言文化構圖的「漸進式推移連續體」及作為對外秩序觀基本因素的政治性反應，是基於何種更深層的歷史性權力本質而產生的？讓認同意識從「無」到「有」的生產源頭、讓中國史得以貫徹不間斷的形塑力，這是自外而內將自然的多樣性人為地聚合為一的「向心力」，也就是藉由自外而內的第二手整合力不斷運作於歷史性中國世界，才得以打造出上述的各種構圖、因素。位於「洋蔥」莖部的，就是此一「向心力」，讓原本不具有核心部份的整體，可以從外部進行**內向化**的連結，進而成形。

中國語，現今也稱為漢語，其實不過是雜亂多樣的語言之集合體，再透過使用「漢字」包含整體罷了。

與實際上人們使用的語言構造無關，其實只要以極為簡單並高度人為性的規則去排列漢字，其表意文字的特性便可讓語言相異的人們彼此進行溝通。如此排列的漢字群，作為全新的人工符號體系，與日常使用的言語不同，成為文字通信專用的「語言」。於是，這些漢字的組合被各種不同的語言解讀，又或是其排列法本身融入進各自的語言中，如今稱之為中國的各地域，便以漢字作為媒介漸漸地出現了各式新型態的人工性語言。

以極度概略的方式而言，這便是漢語（亦稱為中文）的形成過程。此外，漢字本來便是「筆談的詞語」，「書寫」本身具有本質性的重要意涵，這也是中國文明的特質之一，也因此，中國文明中「歷史」的記錄總是具有獨特的地位。

漢字語（以漢字之文字倒行產生出的人為語言）具有獨特的人工性（技術普遍性，任何人都可以使用的簡易化排列體系）及其生產「記號」，成為中國大陸內部諸民族的機械性整合機能，也就是「洋蔥」的莖部，讓原本缺乏文化性核心部份的中國世界整體，得以聚合。這也讓中華文明的普遍性及涵蓋性得以不間斷地持續運作。再者，此一漢字文明，其實與中國文化圈特有的世界觀「天下的概念」及儒教思想根基的形成，也有相當深層的關連，同時也能連結到中國傳統性國際秩序觀（華夷思想）的根幹。

所謂「天下」之世界觀

不過，關於此點還有其他需要檢視的面向，還有一項作為「洋蔥」莖部的機制，那便是作為中華文明整合性機能的核心思想，源自於儒教世界觀的「天下觀念」與「華夷思想」、或稱「中華思想」。藉由思考這些核心思想，才得以從歷史性的角度，去探討中國與國際社會的連結（這一點可以說是本書整體的主題，接下來將以更加寬廣的視點不斷重覆說明、檢視）。

文獻上來說，自西周時代至春秋、戰國時期，是「華夏」，也就是「中華」概念之骨架形成的時期。同時，也促進了「華夷」意識（華夷思想之原型）以及與華夷意識互為表裡的「天下」世界觀之確立。當然，「天下」的概念，是源自於崇拜上天的信仰，「天」與「帝」被視為同一語詞，所謂的「天」，一般來說是以起源於殷商時代的人格神「天帝」觀念為核心，進而成為抽象化的純粹「天」之概念。而「天下」的觀念，自然也與「下土」、「下民」的概念結合，具有一體性（山田統「天下之概念與國家之形成」／增田四郎等著《共同研究古代國家》／啟示社，一九四九年）。

從這樣的角度來剖析「天下」的概念，了解到「天」與「帝」是同源並具有同一性的基礎，也闡明了之後中國的「朝貢體制」、「冊封體制」等中國史上對外（周邊諸民族）關係、國際秩序等處理模式之思想源頭是來自於此，帶有重要的意義。

《詩經》「小雅．北山」中有名句「溥天之下、莫非王土。率土之濱、莫非王臣」，其中的「天下」，也就是「王土」，指的是中國王朝統治者天子所統治的範圍（即中國），而「溥天之下（普天之下）」，指的則是世界上所有的人類，二種不同的概念被混為一談。這與「四海同胞」（出自《論語》顏淵篇：「四海之內皆兄弟」）的「四海」具有相同的兩面性。也就是說，「四海」一詞，依不同的脈絡、時代，可以被解釋為代表「中國」，也可以意指「中國」以外的所有人類。隨著時代變遷，後者的使用例逐漸增加，從春秋至戰國，這樣的變化相當顯著（堀敏一《中國與古代東亞世界》／岩波書店，一九九三年）。

「中國」的範圍，便跟著「天下」觀念在本質上的兩面性及可變性自在地伸縮，也成為近代中國的國際秩序觀、中國與國際社會連結方式的基礎。這不但連結到中國思維模式中著重觀念與實踐、思想與政策之一體性的傾向，也連結到與此傾向互為表裡的中國政治精神特質，即兩者依統治著的方便具有置換性（天下一詞可以狹義地指稱「中國」，也可以指稱「全世界」，兩者間得以曖昧地互換）。相信只要著眼於促成此一置換性的「力量」所代表的角色，便能闡明眾多中國對外政策思想上的提問。

《春秋》三傳（前述《左傳》即為三傳之一）中，最明確地闡述此一概念的便是《公羊傳》，成公十五年記述：「《春秋》內其國而外諸夏，內諸夏而外夷狄。王者欲一乎天下，曷為以外內之辭言之?言自近者始也」。

這段話闡明了一種理念型的衝動，意即，由於強烈地關注於思想的普遍性及概念，原應作為「天下」概念之依據的《公羊傳》原典（《春秋》），只提到了「內諸夏而外夷狄」，應該要排除「內外」，延伸出超越「中國」的精神秩序，建立起整合的普遍性世界。不過，這並不是要一口氣連結至羅馬式的「普遍性統治」，而是要「言自近者始也」，從周邊慢慢滲透，將外部的人事物漸進式地「融入」進內部，是一種曖昧的整合模式。由此，在涵蓋了中國的東亞世界之文化．歷史條件的連續體之下，中華世界特有的「緩慢移行之秩序形成」之本質，也顯露了出來。

邁向「普遍」之志向

不過，若將帝或天子所統治的政治空間稱之為「天下」，那麼秦．漢統一之後，「天下」便自動成為「中國」全體的代名詞了，「內」與「外」的定義也必須重新區隔。中國世界結束了周期性的混亂，重新統一之後，與外界的「界線」觀念開始增強，逐漸形成「內向性」的取向，此一中國史中常見的模式，在秦漢統一之際首次出現。《史記》的秦始皇本紀中，秦二世曰：

「且先帝起諸侯，兼天下，天下已定，外攘四夷以安邊境」

這也是十分顯著的例子。

即便是在周期性的混亂當中，依然強烈地渴望「統一」，當中國社會因這樣的衝動而運作時，便開始意識到超越中國的普遍性世界。然而一旦中國世界（再度）統一了，渴望「普遍」的志向便被「體制化」，暫時地放入抽象的世界中。這樣的傾向，在之後中國史的發展中，數度反覆出現。同時，「渴望統一的衝動」總是伴隨著心理上的惰性，以往嚮往的「普遍」，在統一後成為充實國力的歷史條件，不久後再度膨脹為對「外」的渴望，於是「言自近者始也」再度展開。這樣的事例也是不斷地反覆出現於中國史中。秦始皇、漢武帝之後，在隋唐、宋明時期的太宗成祖等王朝初期（第二、三代前的君王）的皇帝反覆進行的大規模對外征伐也是一例。

秦始皇統一後，展開了全國巡視之旅，並於山東瑯邪台建立了頌德碑，寫道：

「普天之下……日月所照，舟輿所載，皆終其命，莫不得意」

同時讚揚云：

「六合之內（天地與四方，即宇宙全體），皇帝之土。西涉流沙，南盡北戶。東有東海，北過大夏。人跡所至，無不臣者」

北戶指的是陽光會自北邊窗戶照射進來的南方地域；大夏據說意指山西高原盡頭與戈壁砂漠交接之處。既然前面已經限定了範圍，「六合之內」、「人跡所至，無不臣者」應該只能算是一種「修辭」吧。不過，這種強調普遍性的修辭頻繁地出現，也是中國史對外觀中稀鬆平常的特性。

在任何文明圈的歷史中，都可以看到這樣把「普遍」視為「正統」之象徵，在政治修辭上發揮重大效果的特性。羅馬便是典型的例子，為了追求「帝國正統性」之象徵，為了達到字面上的「普遍性統治」，因而不斷向外擴張。不過，羅馬史的構造與中國史的構造，卻有決定性的差異。雖然同樣是以普遍文明推動「擴張的概念」、「進步的概念」，一個是直線性的「向外整合」，另一個則是漸進式的「內向性結合」。後者的向心力中，涵蓋了「滲透」、「浸透」或「循環」等要素，羅馬則無。這也許也說明了，在羅馬已不存在的今日，為什麼中國依然持續存在的原因。

3章

中華秩序的膨脹理論

鄧小平剛過世（一九九七年二月）沒多久，九七年秋季於北京舉行的中國共產黨第十五屆黨代表大會上，（當時的）江澤民總書記在政治報告中，將鄧小平進行的改革開放政策定義為「中華民族的精神支柱」，強調了其歷史性意義。其實，這句話只要用「中國人民」便能清楚表達，江澤民卻刻意選擇以「中華」一詞來闡述。該如何解釋這立足於世界經濟全球化的時代潮流上，提倡「改革開放」的鄧小平路線中具有的**中華性**意涵呢？鄧小平過往在黨元老齊聚一堂的中央顧問委員會上的演講，倒是可以視為找到答案的一種提示。

鄧小平在此演講中，先是談論了中國與國際社會的連結，接著在追溯中國歷史的同時，強調了改革開放路線的意義。鄧小平表示，明、清時代開始中國的對外關係走向自閉傾向，也就是自十五世紀「鄭和下西洋」後，中國進入了長期對外「閉關自守」的時代，進而影響之後的中國，渡過了「貧窮落後、愚昧無知」的艱苦近代（《鄧小平文選》第三卷／風媒社／一九八三年、九〇頁）。

的確，中國史上在明代以前，對國際社會，也就是外側世界的連結，確實不像明清時期施行「海禁政策」，沒有這類壓抑向海洋發展的前例。然而，自鄭和遠征後，中國轉而走向內向化，確立起著重內陸且帶有排外性的中華至上主義。不過，這倒也不是像鄧小平所言，是為政者政策走向失誤這般龐大的問題，而僅是文明史上的一種轉換。若僅以社會經濟的因素而論，這不過就是從「海洋中國」回歸自「陸路中國」而已。

海洋延伸及內陸回歸，以這二種傾向的循環、二元對立為主軸來解釋中國文明史，這樣的視角對於展望二十一世紀中國的走向，是相當有幫助的。此外，在這樣的視角下，「中華」主義的理念又扮演了怎樣的角色，這也是中國文明史觀中相當重要的問題所在。

何謂「做為帝國之中國」？

不過，還有一個視點是不能遺漏的，除了中國本身選擇「陸路或海洋」之條件外，中國身處的國際性契機也是重要的決定性因素之一。至少在東亞史中，身處於周邊諸民族、地域當中，中國與中國文明抱持的種種關係，緊密地與「身為帝國的中國」之整體走向息息相關。像中國如此規模龐大的國家，若真的決意向海洋發展，選擇永續性的對外開放方針，那麼必定需要能夠支撐此一龐大國際秩序構想、思考模式的各項國際條件，才得以讓中國實行嶄新的文明史轉向。這不只是於普遍性世界秩序該如何架構，中國身處的環境還必須具備足以讓中國做出此一選擇的國際秩序（此外，中國社會內部也實際存在轉向海洋文明的志向），這些都是重要的因素。

季辛吉認為，簡單來說任何的國際秩序，大多可以分為「帝國型」或「勢力均衡型」這二種型態（Henry A. Kissinger《外交》／日本經濟新聞社／一九九六年／第一章）。「帝國型」指的是有一霸權大國存在於國際社會中心，國際秩序是透過其存在所形成；另一方面，「勢力均衡型」則是各自大小不一的國家都具有對等的權威，並存、對峙，並依照各自的立場行動進而形成國際秩序。

想當然爾，現實中在這兩種極端的型態之間，還存在有許多各式各樣的象限，每個時代的國際秩序也都是歷史性的重要要素。從這樣的觀點來檢視歷史上的「帝國型」秩序典型會發現，具有普遍性世界秩序觀、在某些面向確實以「帝國」之姿涵蓋於現實世界（或歷史世界）的龐大規模國家體系，可分為以下四個：

①羅馬帝國（含共和制時代）
②中華帝國
③美國著名評論家歐文・克里斯托（Irving Kristol）所言，進入「國際性帝政」階段的冷戰後期之美國
④近代的大英帝國

雖然同為「帝國型」秩序之例，不過重要的點在於，從①～④的順序，可以發現其實這些帝國型的政體都在逐漸走向「勢力均衡型」。此外，早期的伊斯蘭（撒拉森人）帝國、蒙古帝國、神聖羅馬帝國、近代早期的西班牙帝國等也是值得關注的事例，不過這些帝國所處的國際秩序構想及歷史性架構過於侷限，不能算是具有普遍性質。

無論如何，在這上述四個帝國中，研究③與④的比較考察，相信會發展出層出不窮的有趣結論，不過在此所要關注的，還是在於②與③兩者的類似性，兩者的國際秩序類型具有奇

妙的共通點，也提示了其普遍性因素。冷戰後的「美利堅治世（Pax Americana）」與「中華世界秩序（Chinese World Order）」，十分相似。

稱為中華世界秩序之國際秩序

眾所皆知，中國外交史的泰斗費正清（J.K. Fairbank）將中國的傳統國際秩序稱之為《中華世界秩序（Chinese World Order）》（出版於一九六八年，費正清主編之著作名稱），若要從現實的歷史中回溯此一原型，那麼勢必回到中國此一**國家**誕生的二〇〇〇年前，也就是秦．漢時代才行。

特別是漢帝國時，與周邊世界的諸民族、地域的關係，區分為「外臣國」、「（外）客臣國」、「絕域（或不臣）朝貢國」、「鄰對」等（栗原朋信「漢帝國與周邊諸民族」／荒松雄等編《岩波講座．世界歷史》／古代四／岩波書店／一九七〇年、《上代日本對外關係之研究》／吉川弘文館／一九七八年）。

在各種制度、規範上皆承認中國「指導權」的「外臣國」（依《秦律》的說法則為「臣邦」），接受中國「禮法」等價值體系，依靠中國保障周邊勢力之安全，在經濟文化面也受惠於中國。一般而言，史學家將這樣的外臣國劃分為中國的「朝貢體制」，或說「冊封體制」

中的國家（費正清編．前述書、西嶋定生《中國古代國家與東亞世界》／東京大學出版會／一九八三年）。意即在制度、價值觀兩方面，都保有「正式關係的朝貢國」。說得極端一點，若先不論時間上的永續性及近代的「國家對等理念」，這樣的朝貢關係，其實與冷戰後美國的「同盟國」，極為相似。

「（外）客臣國」則是由於本身的實力、原則，或是國內外的種種事由，不宜成為外臣國這般正式「臣服」關係的國家，雖然冀望深化與中國的關係，卻無法履行臣服關係衍生而來的權利、義務，意即所受恩惠與「職責」尚不明確的國家。這樣的關係有如現代美國之於喬治亞（Gruziya）、瑞典、阿根廷、約旦等「準同盟國」一般。

「絕域朝貢國」指的是僅在道義上承認漢帝國的「德性」及領導力，卻未保有任何恆常性、制度性的關係，若以現今的世界來比喻，約等同於美國與葉爾辛時代的俄國之關係。

「鄰對之國」又稱為「敵國」，原本的含意為匹敵的敵（雖然也含有少許現今敵對之涵意），也就是與中國持有全然對等立場的國家，也不接受「禮法」等中國價值觀、制度上的領導力。對於今日的「帝國．美國」而言，就是中國、印度或普丁體制的俄國。

除此之外，歷史上的中華帝國秩序與冷戰後美國的「國際性帝政」，在其他面向的國際秩序類型，也能看出許多本質上的類似性。首先第一點，在其身處的世界或歷史中，都是無人能出其右的「超大國」，與羅馬相異，兩者都將「他國」也就是「國際社會」的存在視為前提並接納。第二點，兩者皆將本身與「他國」的關係，在「國際理論」也就是國際關係上，依勢力均衡的考量視為對峙的關係，同時又依循本身的價值意識（也就是「文明理論」），如前述的方式將他國做階層性的劃分（依現代美國為例，將各國區分為民主的同盟國到「非民主的同盟國」各等級）。

第三點，兩者的價值觀內容，都脫離了固有的民族性要素，而立足於具有高度普遍性及抽象性的體系當中，同時規定整體的生活方式，並以是否感受到「同化」或「正在同化」等主觀性為關係概念的核心。換言之，兩者對具有對他者強烈的同化力，對方只要一旦同化，便將之視為擁有高度神話性的「普遍文明」陣營的一員，引發歸屬意識。第四點，對於此一秩序的主宰者而言，對方的主觀意識是形成秩序的核心，也因此，參與主宰者秩序的對象之「自發性」，始終是原則上重要的條件之一。

就這樣，正因為其支配與領導力是立基於眾多「文明理論」上，在表現前述的「國際理論」，也就是國際社會中的權力展現時，在表面上總是有所避諱，這樣的傾向不論是歷史中的中華秩序，還是現代的「美利堅治世」，都比歷史上其他的秩序主導者來得強烈。此外，認為付予對方經濟上的恩惠，就是維持國際秩序及自身主導權、霸權的有效方式，因而總是積極地去實踐，這一點，也是中華帝國與現代美國的共通點。

然而，冷戰後美國的「國際性帝政」之歷史性構造是否真的是堅不可破了呢？至少在二十一世紀初期的現在，這依然還是一個未知數，說不定美國的帝政也不過只是短期的過渡性現象罷了。另一方面，前述的「中華性帝國秩序」也僅是理念型，之後回顧會發現，在現實中這樣的模式時常發生根本性地變化，難以窺見原貌。

不過在思考二十一世紀中國是如何構思國際秩序時，歷史上的中華國際秩序及其變遷，以前進入近代後中國對國際秩序主導權的放棄（或說根本性的變化），都是相當重要的考量因素。同時，從更寬闊的視野去檢視中華國際秩序的歷史變遷，也是探討今日中國走向的重要視角。實際上，自秦朝統一中華帝國成立，一直到十九世紀末（甲午戰爭）、二〇世紀初的辛亥革命之二〇〇〇多年間，也曾遇到數次中國失去「帝國」之姿的時期，像是由蒙古統治的一個世紀、「五胡十六國」或魏晉南北朝、唐末五代等混亂時期等，帝國本身就曾遭遇過多次重大的變化，並非是一持久的大帝國。在這些變化中，也曾遇上中國幾乎完全成為「別的國家」的重大變遷，然而即便在這樣劇烈的變化中，令人吃驚的是，依然保有一貫性及不可思議的循環性，這也是中國文明史上顯著的典型。

八百年的戰禍周期

一九三〇年代初期，中華民國時期的學者李四光發表了論文「中國戰禍之週期循環」，主張中國史有一明確的八百年周期，中國和平與戰亂的循環，具有超越了偶然性範疇的周期性（《中國科學與藝術雜誌》／一九三一年刊載）。

論文中闡述，各周期的起始，都是由一個短暫但具有強大軍事力的王朝，終結了漫長的「內戰期」重新統一中國。其後，和平的時代大約持續四〇〇到五〇〇年，其中經歷一次或二次的王朝交替，接著混亂期再度展開。最後造成首都自北方遷移至南方，形成南北「二個中國」對立的局面。此一對立讓大陸的混亂愈益強烈，在渡過一定的期間後，到達極限，進而引來了異民族的全面入侵，征服中國後展開異族統治，這便是一周期的完整序列。接著中國的文明史又再進入新的循環，不久後又會出現強大的新體制重新統一中國（中華）。

實際上，①秦朝統一（西元前二二一年）至五胡十六國・魏晉南北朝末期（五八八年）剛好約是八〇〇年。②隋朝統一（五八九年）至蒙古＝元滅亡（一三六八年）則是七八〇年。③明朝成立（一三六八年）到現代（一九三一年）則約為六〇〇年，可分為三個周期。依據李四光的研究，最後的第三周期，現在依然處於進行式中，至今明清時期渡過了約五〇〇年的和平期後，太平天國引發了重大的內亂，歷經了動亂內戰時期，衍生出「王朝」的交替，先是首都遷移分為北京與南京（亦稱「二個中國」），接著北京與台北持續地「南北對立」，這也是筆者（中西）的觀點之一。

以王朝變遷為主的歷史周期論，是否真的是妥當的論點雖然還令人略為存疑，不過我們所要關注的在於各週期初始階段出現的統一王朝，像是秦始皇修築「萬里長城」、隋煬帝建設南北大運河、明永樂帝建造北京紫禁城並展開「鄭和下西洋」等，新帝國在統一之餘，總是會推行鞏固體制的大事業，這一共通點值得關注。換言之，每當中華帝國重新登場時，總是伴隨著新生的活力並表明中華意識的重生，同時，也代表了各個新類型的中華國際秩序已經展開。

也就是說，①秦漢帝國成立時，看到的是「中華世界秩序」的原型，即早期中華帝國「華夷秩序」的原始對外秩序構想，②隋至唐初浮現的則是明確的世界帝國走向，伴隨著中華秩序觀，③明清期則是本章開頭提到的「自閉」性，稱為狹隘「朝貢體制」的晚期中華帝國特有的防禦性、孤立性的對外觀。以上三項不同類型的中華性秩序皆符合八〇〇年周期論，也讓此一論點的意義更加重大。

此外，在各自的周期中，中國身處的東亞世界之國際秩序，從早期偏向「帝國型」的理念型，進而逐漸轉向「勢力均衡型」的循環，此一變化也能在各周期的演進中看到，這一點也是我們特別需要留意關注的要點。當然，最好的方式便是一一探討此三個中華秩序的實況並細心解析，相信這也是相當有意思的學術嘗試，只是礙於篇幅所限，僅先將前述的要點記在心中，接著就來探討中華國際秩序的本質性特徵及整體樣貌吧。

「中華統合」之動力

中國傳統的國際秩序進程，總是以文化概念為核心，與周邊諸國（各地域）的關係則是依對方同化進入自身文明價值觀的程度來決定彼此的關係。此一「由外向內側同化」的傾向，與前述「中央之國」的本質息息相關，這一點是首先需要強調的因素。

到這裡，我們已經說明了秦朝統一前的「中國以前的中國」，也就是「身為帝國的中國」之形成期，聚集到中原（即洛陽盆地）的四夷（東夷、南蠻、西戎、北狄等建立起中國民族原型的「周邊」諸民族）在都市文明體系（亦可稱為中國文明）中逐漸被吸收，進而形成**原生**中華民族的「華夏」。之後的時代與周邊地域之關係，將對方對於中華文明價值體系之同化程度，視為支撐對外秩序的方針，這樣的傾向逐漸地明確化。在早期中華帝國・秦漢帝國成立後，每當王朝交替時，「吸收」與「漢化」、「華夏化」的過程便不斷地增強、持續進行，具有強烈的歷史性衝動，也讓我們看到了這足以稱之為「中華性統合之動力」的結構化文明史之持續性。

此一「中華統合」之動力，在早期中華帝國（秦漢）時代，周圍的各異民族都對中國文明整體抱持著熱心適應的態度，造就了中國歷史性自信心，到了漢帝國晚期（西元三世紀初）已成為堅固的常態，中華國際秩序成為一「世界秩序體系」。而秦朝統一中衍生出「僅僅由皇帝一人統治天下（世界）」的中華性政治理念，也成為此一體系的核心之一。

發掘於湖南省雲夢縣睡虎地秦墓，記載於竹簡的《秦律》，從中可看到統一前的秦，將周邊諸國的關係區分為「臣邦」、「屬邦」、「他邦」，並規定了不同的互動關係。「臣邦」指的是臣屬於秦的諸侯、異族之國，「他邦」則是與秦不具有臣屬關係（在中國內部與秦對等並立）的諸侯之國。不過臣邦與他邦都位於（統一前的）秦國境之外，而「屬邦」則是位於國境內的少數民族或管理機構（道官）（工藤元男「睡虎地秦資竹簡之屬邦律」／《東洋史研究》四三卷一號／一九八四年）。意即，對於位於本國內的「異質」性存在設立「特別行政區」（屬邦），對於外國的特殊從屬關係則設定為「同志友好國」（臣邦），不屬於上述兩邦的，便是與本身對等並立的外國（他邦），將各國的關係整理在一清楚的光譜上，並明確地分類．規定彼此的互動與關係。

不過，始皇帝統一中國後，「他邦」自然已消滅殆盡，「臣邦」劃入郡縣制度中也同等於消聲匿跡，僅剩下「屬邦」（或稱之「道官」）依然續存，一直自秦延續到漢。由此可知，對秦帝國而言，春秋戰國時期的天子（周王或秦王）與諸侯的關係，與中國皇帝與周邊諸民族的關係是可以類比的，而後者更加深了透過同化讓天下思想普遍化的企圖。然而，在此還是要附帶說明，統一後的秦朝對於國境外的異族國家具體上是以怎樣的架構去統治的，實際上並不清楚。

如前述，「秦遂以兵滅六王，並中國，外攘四夷」（《史記》），統一後，秦派遣將軍蒙恬率領三十萬大軍前往鄂爾多斯地區驅逐匈奴，自臨洮（甘肅省）至遼東建造起巨大的長城。然而，雖然建造「長城」被視為展現中華民族力量的偉大紀念物，但同時，卻也明示出中華世界的侷限，成為表明中華帝國力量的界限（堀／前引書／六五～六八頁）。

明確地意識到帝國力量的界限，為了防範他者的威脅而築起防壁，相當實際地接受了本身力量的界限，這樣的作為與「人跡所至，無不臣者」（琅琊台碑）的普遍帝國原則之間，具有相當的矛盾。然而這樣的矛盾本身，正是中華帝國**自起始之時**，在思考世界秩序本質性特徵時，便內包於其中的特性。這也是當我們探討中華性秩序、中國文明史中對外關係本質時，極為重要的一點。

當第一次遇上「帝國以前的中國」未曾經驗過、無論如何都「無法同化」的異民族，或是具有堅固保護殼的異文明時，中華文明所受到的衝擊，到了漢代，終於創造出了內包了原則與現實之矛盾做為核心的中華國際秩序構想。自此之後的問題，便在於如何將此一矛盾修整為「價值裝置」了。

在「帝國以前的中國」，華夏（族）身為一文化集團，其勢力所及之處便是「中國」的領域。在周代封建制度崩解後，華夏的力量不斷地擴大，直到建造起萬里長城，才讓此華夏文化的擴張撞上了歷史性的界限。此外，還有另一種論點也時常出現，那便是長城其實是農業地帶與遊牧地帶生態上的界線。對此，南方各地等超出了秦帝國所謂華夏居住區之「中國」範疇的地域，如現今的福建、廣東、廣西、貴州、雲南等現在國境內的地區，在當時，幾乎全由異族統治，卻也都是屬於農業地帶。

在探討中華國際秩序時，除了理解其思想理念，同時必須去考察現實中（以及原則上）「中國的範圍究竟為何」這個問題，從中華統治及中華意識的兩面向去理解「界限的概念」，是第一要務。

中國的疆界？

在中國文明史上，有三個歷史事件闡明了「中華世界的界限」是具有永續性、決定性的，三個事件也各自與前述的三種中華秩序觀類型有所關連。

第一件，便是前述的「建造長城」，第二件為征服了帕米爾高原，唐代高仙芝大軍在中亞大草原上遇上伊斯蘭帝國（撒拉森人）的前鋒部隊，讓不斷擴張的中華嘗到了「世界史上的大敗」，在人類史上也相當著名的「塔拉斯河戰役」（七五一年）。第三件，則是「鄭和遠征」的終結（一四三五年）。

阿諾德．湯恩比（Arnold Toynbee）認為，二〇世紀將世界分隔為五大文明圈（西歐基督教圈、俄羅斯．斯拉夫世界、伊斯蘭文明圈、印度教社會、東亞極東世界等五大文明圈——實際上「湯恩比的分類在也成為近年杭亭頓（Samuel Huntington）「文明的衝突」論之基礎），其地圖上的境界，自七七五年至今，未曾有任何的變動（《歷史的研究》／Somervell縮印版第一卷／社會思想社／一九六七年／第一編第一章）。「塔拉斯河戰役」正是確定了中近東以東，也就是歐亞大陸中心部至東突厥斯坦（現今中國西北部．約等同新疆維吾爾自治區）納入伊斯蘭圈的歷史性重大事件，同時也讓野心勃勃企圖走向世界帝國的中華文明受到了決定性的打擊。

說得極端一點，中華帝國秩序的走向，只剩下三種可能性。其一，便是之後宋王朝選擇的，接受與伊斯蘭等其他的文明、異族共存（同時隱藏起內心的不滿與挫折）。不論喜歡與否，為了從「文明理論」轉向「國際理論」，必須努力適應，在東南方地區也必須透過海洋走向商業貿易之路，在此，也蘊含了「改革開放」、具備「新思想」的中國之可能性。其二，不是依靠自身的力量，而是借助距中華文化最遙遠的蒙古＝元帝國的力量，擠身普遍帝國之行列。其三，恢復中華，回歸「文明理論」。不過，最後的結論依然是中國還是只能走向「內向化中華」的道路，此一必然性（及事實）再次印證。

唐之後的中華秩序，在八世紀受挫錯失了實際走向世界化的可能性後，便是不斷此依序輪流上演上述的三種路線。然而，喪失了成為實質普遍帝國可能性的中華文明，到了明代，再次回到「文明理論」的範疇，此時的中華，只剩下前所未有的強烈內向性、堅固的排他性思想，來打造國際秩序構想的一條路了。

於此，再次探究起「中國的範圍為何」的明末清初歷史學家・王夫之（一六一九～九二年）留下的論點，極為有意思。王夫之在著作《讀通鑑論》中提到，漢武帝欲侵略中華的藩屬國南越，並討伐閩越時，漢高祖之孫淮南王劉安表示反對，並論及了中華向外征討的界限，也就是中華文明「該守護的中國領域」如下：

「夫窮內而務外，有國之大戒，謂夫東越大海、西絕流沙也。書（書經）曰：『宅南交』則交阯（越南北部）且為堯封，而越居其內。……中國之形，北阻沙漠，西北界河（黃河）、湟（湟水），西隔大山，南窮炎海（南海），自合浦（廣東省）而北至於碣石（河北省），皆海之所環也。形勢合，則風氣相為噓吸；風氣相為噓吸，則人之生質相為儔類；生質相為儔類，則性情相屬而感以必通。……孟子曰『吾聞用夏變夷者』帝王之至仁大義存乎變」（王夫之《讀通鑑論》＊日文譯文出自後藤基巳等編譯《明末清初政治評論集》／平凡社／一九七一年）。

由此可知，最大前提是中國大陸地理上的孤立性，以立基於華夷思想的名份論（王化論）行事，並且必須積極地去征服、統合、涵括界限內的異民族，這便是中華擴張論。

此一特徵王夫之也做了明確地說明：「武帝平甌、閩，開南越，於今為文教之郡邑。而宋置河朔（河北省）、燕、雲（河北山西北部）之民（中西註：此指漢族），畫塘水（不明）三關（河南省信陽縣三關）以絕之，使漸染夷風，……天且歆漢之功而厭宋之偷矣」（王夫之／前引書）。

此一論述，充分表現出中華帝國晚期自閉內向的中華性秩序的內向性特質，同時，奠基於普遍主義式「名份論」的奇妙擴張路線也共存於其中。實際上，淮南王劉安反對向外征討，只是基於考量到國力、遠征經費及統治力所提出的合理質疑，卻被王夫之評論為「以利計之，不無小損」，並得到「而抑豈仁人之所忍乎」的結論（王夫之／前引書）。

貫徹中華直到「界限」為止

最後會發現，當從歷史整體來探討「中國的範圍為何」這一個中華秩序構想時，首先清楚浮現的，是「西之沙漠」、「東之大海」等傳統的界限。在此界限範圍內，曾經印上「中華足跡」的地區，即便之後又局部性地歷經了全然不然的嶄新政體，一旦進入國力延展期，舉起「恢復中華」大旗的中國，又會不斷地以龐大的思想性名份論將這些地區納入範疇。六世紀末隋文帝成功再建起中華帝國，七世紀初繼承者煬帝治世開始積極地擴張中華世界帝國。其中遇上朝鮮半島與高麗關係緊張時，擅長於國際關係的政治家裴矩（五四八～六二七年）向煬帝闡明領有朝鮮的必要性如下：

「高麗（指朝鮮半島）之地，本孤竹國也。周代以之封於箕子，漢世分為三郡（樂浪、玄菟、臨屯或帶方），晉氏亦統遼東。今乃不臣，別為外域。……當陛下之時，安得不事，使此冠帶之境，仍為蠻貊之鄉乎」（《隋書．裴矩傳》＊日文譯文出自崛／前引書／一九五頁）。

東漢末以來經過了四〇〇年（樂浪郡滅亡後三〇〇年），朝鮮族雖然始終沒有同化於中國，中國卻依然提倡要讓其恢復到「中華冠帶」之地的過往原貌。然而，聽從此一勸言，煬帝率領一〇〇萬大軍嘗試遠征高麗，卻嚐了敗仗，也種下了隋代滅亡的隱憂，即便如此，之後效力於唐朝的裴矩依然根據華夷名份論力勸君王直接統治朝鮮半島。

眼看隋的失敗（高麗一戰敗北），唐高祖李淵依循本身的政治智慧及國力的考量，針對此一問題做了以下的回應：「名實之間，理須相副。……朕敬於萬物，不欲驕貴，但據有土宇，務共安人，何必令其稱臣，以自尊大」，裴矩聞言，再勸：「遼東之地，周為箕子之國，漢家玄菟郡耳！魏、晉已前，近在提封之內，不可許以不臣。且中國之於夷狄，猶太陽之對列星，理無降尊，俯同藩服」（《舊唐書・高麗傳》＊日文譯文為中西自譯），強調曾一度納入中國領土，便應以「文明之正義」之名目再次將之奪回。直到唐高宗時期，終於聽從裴矩的力勸，為求統治朝鮮半島，出兵並消滅了高麗・百濟，更引起了日本著名的「白村江戰役」（六六三年），打敗了日本與百濟的聯軍，讓唐的版圖擴張到了百濟。

此時若非有兩種方向同時操作了「國際理論」，也就是強權政治的力學，那麼朝鮮半島將不只是冊封，而是會更直接地成為中華羈縻統治或郡縣化，讓朝鮮半島永續性也「回歸中華」，勢必也將大大地改寫了日本的歷史命運。

兩種方向其一是再次掘起於朔方陰山山脈深處的東突厥，另一個則是自白村江戰役後，對唐代「帝國主義」心存戒心的新羅與日本之默然的合作，進而衍生出對抗唐之勢力均衡外交（同時也影響了契丹的叛亂及渤海的建國）。

「文明理論」與「國際理論」這兩部壯大且相剋的戲碼，才正是中華世界秩序的本質。

4章

「中華」與「周邊」的距離感

從東亞國際秩序的歷史面向來看中國與國際社會的連結，會發現中國大陸的力量（權力狀況）與體制（政權）的連結，總是給予東亞歷史世界全體決定性的影響。

如前述，自秦始皇統一「中國」後，一個明確的模式在之後的數千百年開始不斷地忠實反覆上演。

讓我們試著將此一模式圖式化分析。首先，不論在政治上、文明史上都屬於多元地域的中國大陸，自從強大的統一王朝秦漢帝國出現後，展開了一種循環模式。始自於前一章節也提到的典型性「帝國」型秩序，卻在停滯與逐漸衰退的過程中，中華帝國秩序及相連的東亞世界秩序漸漸轉向為以「均衡」維持的時代，各地的土著性力量及自我認同意識開始與帝國相剋、相抗衡。接著自周邊向中心推進的力量勝出，亦或因內部機制之衰弱，中華王朝走向歷史性、周期性的分裂、崩解，於此，地域秩序全體又再次產生巨大的流動性。

不過，中華支配力弛緩時，正是東亞各勢力間在經濟文化層面充滿活力交流的時期。與此並行，東亞世界政治上的「多極化」傾向也跟著增強，「勢力均衡」——以中華的說法，一種「並爭」型秩序跟著萌芽。若這樣的局勢長期持續成為常態，那麼東亞世界將不再回歸帝國型秩序，說不定就得以產生了以近代歐洲「威斯特發利亞（Westphalia）型」國際性契機為本質的文明。

然而，自秦統一之後，大陸的力量（權力狀況）與體制（政權），以全球性的規模來看，東亞世界具有的相對孤立性，並沒有延展出不可逆的分裂崩解。如同字面上不可逆的全新歷史構造並未出現，而是以循環性的文明史周期為主要的演進模式。

這樣的背景是受到三個因素之影響。其一，黃河中流流域至揚子江、珠江流域，所謂沿海地區的人口、生產力、寬闊的面積，由此建立起的社會性潛力，與散佈於中國周邊的諸國、諸民族結合成一壓倒性的凌駕力量。這股力量也正是直到西歐勢力大舉前進東亞前，「東亞歷史世界」得以建立起獨特本質的根本要素。這也是光靠近代或現代無法產生的純粹歷史性條件。

以此為基盤，第二個因素進而支配了歷史上的各個局面，決定性地影響了中國與東亞的歷史秩序。那便是在中國的文明中從未喪失過的「邁向統一的衝動」。

使用漢字這一點，被視為阻止了中國在歷史上產生不可逆性分裂的因素，先不論這樣的論點是否妥當，其實除了漢字之外，中國文明中還具備了各式的文化裝置，以確保其堅定的「統一」或「再次統一」之衝動。像是促使至今不斷提到的「保存中華」、「恢復中華」之原動力的「華夷思想」，或是儒教價值體系等，都屬於此種文化裝置。

不過，決定東亞世界歷史性秩序的第三個因素，也就是不斷與中國或「中華」交流、同時持續對峙的周邊諸國、諸民族所扮演的角色，在今日應該更加予以強調。

在探討東亞歷史世界中國與「周邊」關係時，常會陷入一種有如水往低處流的構圖，也就是中國文明總是單方面的影響周邊地區，這也是所謂「東亞文化交流史」的根基。然而，這其實是一種思想性的扭曲，是過於誇張、過度的中國中心史觀之觀點。

除此之外，近年常常聽到的新「朝貢系統論」，認為兩者的關係是以貿易關係為根本契機，卻也不能滿足地解釋彼此的連結。這樣的論點其實就是費正清一派，以西歐讀者為主體，僅僅強調西歐國際秩序與東亞在文明上的相異點，只是把古老的「朝貢系統論」之經濟史拿出來老調重彈罷了。在近年亞洲經濟興起的「趨勢」當中，在「海洋中國」天堂這樣的見解之外，也應當嘗試探討「亞洲做為一貿易社群」這樣嶄新地域秩序之可能性。這雖然在現代意涵中帶有極大的魅力，實際上是否真的可行，則必須要更具體的檢視以往「曾經出現過」相似時代的歷史實況及文明史構圖。

隨著文化與經濟的「相互依存」與「交流」，世界秩序呈現出的形態也是多樣不一，而始終一貫處於「對峙」狀態的「中華」與「周邊」所呈現出的東亞史結構特徵，絕不能輕易忽視。親身面對此一因素，將是理解東亞歷史世界本質的重要途徑。

是否確實測量過「距離感」？

近代日本在亞洲史，也就是「東洋史」的研究動向中，探討「中華」與「周邊」的問題時，總是讓人感受到某種暗示。意即，不時地會出現比起中國史，更將比重及焦點不均衡地置於周邊民族史之上，而且並非全般地著重「四夷」等各個周邊民族，而總是關注於「西北」、「北西」，也就是草原遊牧地帶，劃地自限。這樣的傾向，當然背後也是有眾多的因素造成，可以說是在大陸經營此一日本近代史脈絡下產生的「時代的必然」，也可以說是以歐美為主的研究動向、學派、世代性的因素使然。此外，對於遊牧文化的生態學取向的關注、日本人對於「北漠」抱持的對於風俗的好奇心，以及對於「西域」或「絲路」的憧憬、東西交流史上的樂園想像等等，都是造成如此研究動向的因素。不過，還有一項不同性質的因素，歷史上不時地出現不只是於「力量」，甚至在「文明」上也超越了中華的周邊勢力，而這些勢力便是誕生於「西北」，這也是明治時期以來所謂「東洋史學」主要的走向，讓歷史研究者、近代日本的知識份子都密切關注。

日本的知識份子們在江戶時期不斷地追求「日本」，然而「中華」卻始終是一個「無法遺忘的他者」。自幕末明治開港、放棄鎖國以來，日本開始向西歐型近代化邁進的同時，卻也無法停止追求自身的自我認同，進而持續摸索「東洋」為何，此時，目睹了日漸衰弱的清朝、民國之現實，到幕末為止多多少少接納「中華」作為自我形象的知識份子們，開始尋找相對的、更廣義的、超越「中華」的「東洋」，作為新的自我同一化之可能性。

無論如何，近代日本的「亞洲主義」思潮，說穿了比起理念，更偏頗於情緒，此一背景的形成，不只是是在西歐列強的壓力下呻吟，進而轉向亞洲尋求認同感，同時也刻意迴避了一重要的提問，那便是對日本而言的「中華」，或說「中華」與「日本」間的距離該如何拿捏？至少，將中華理念的反面（沿襲了理念性純化之觀點）視為「國學」的自我認同之外，日本人無法在情緒層面以十足「確確實實」的距離感去看待日本與「中華」，就這樣進入了近代，這樣的問題，應該要更加放大檢視。

國際史視野的欠缺

為了重新思考中華與日本「確確實實」的距離感，必須要從原有的國際史觀視野，重新檢視日中關係的歷史。這樣的嘗試，同時也是讓前述「中華」與「周邊」的交流與對峙，更能親身去思考、理解的方法之一。

不過，我們如今是否真的已經具備執行上述嘗試所需的足夠知識了呢？在思考此一問題意識時，有一部相當有意思的著作值得一看。隆納德・托比著《近世日本的國家形成與外交》（創文社／一九九〇年）[1]，書中不但以縝密的實證一一分析日本德川時代的國際關係，並徹底顛覆了至今日本在歷史研究、特別是東亞諸國與日本之關係研究時的基本視角，可謂是一部劃時代的巨作。

此書在日本的研究者間已獲得一定的評價，不過對於書中提出論點的重要性，是否真的已經充分了解，依然令人存疑。之所以這麼說，是因為檢視此書的分析與詮釋，可以充分感受到作者對於國際政治、對外情報活動、外交政策決策過程等的評論與解釋，都蘊含有無比成熟的素養，許多更是至今日本史學中前所未有的內涵，也因此備受矚目。不僅僅是操作整理實證性的資料，更不時地從超越時代的視角、合理的國際政治特有之論理所培育出的感受性來詮釋、分析各項國際情事，彌補了日本研究者一直以來對於國際關係不充足的認知，同時也提出了更具有普遍性的視角與結論。

這一點，對於戰前、戰後日本對外交涉史、東亞國際關係史的研究者而言，是相當重大的一種挑戰。此書也可以說是歐美的日本研究者在孤立的研究之路上，展現出大大凌駕於日本研究水準的著作之一。國外的教育，即便不侷限於高等教育，一般市民在生活中皆能自然接觸到國際關係，也培養出深度的理解力與評判力，這些都是近現代日本社會中無法自然培育出的內涵，也反應出日本對外交涉史在研究上一直存在的巨大界限。

這樣的問題，並不是出自於「皇國史觀」、「戰後史觀」等史觀的問題，而是在國際關係這一門特殊的領域中，是否具有普遍性的視角與感受性去理解、詮釋其特有的邏輯與意涵。若歷史學家本身在欠缺這樣的視角與感受性，那麼寫出來的國際關係史著作，自然也是問題百出。明治之後，日本研究者撰寫的眾多近代前日本相關國際關係著作中，都能看到這樣的問題。

1 隆納德・托比原名 Ronald Toby，《近世日本的國家形成與外交》譯自 *State and Diplomacy in Early Modern Japan.*

此書廣受好評的另一點，則是因為它提出了迫使既有「鎖國」觀念出現巨大變化的論點。然而，這並不僅是單純地闡明所謂的「鎖國」時期，日本實際上卻與海外之意外地交流緊密——主要為貿易活動等；也不僅是提出此一時期的日本其實相當敏銳地接收來自海外的各種資訊等，而是超越了一般次元的視角。托比在書中，將日本視為一近代早期的主權國家，生動並詳細地描繪出日本是如何在國際社會中處理各式各樣的對外關係，又是如何面對「中華」、明清帝國等東亞諸國的戰略關係，並做出妥當的思慮及行動模式，這樣的內容對於眾多的日本研究者而言，是一大挑戰。

不論是「近代」國家、還是不同類型的國家，只要同為政治共同體，彼此之間就必定存在國家互動關係。若能具備良好的理解能力，理解特有且普遍性理論及功能，在遇到重大的史料及事件時，當然便會主動去關注。然而在日本至今的前近代（幕末之前）對外關係史中，卻總是發生輕易地忽略重大事件的憾事。到了現在，又產生了另一項新的問題。的確，在探討近代國家成立前的對外關係時，將貿易為中心的經濟活動，也就是「人的交流」視為重點是絕對正確的，只是，將這樣的視點視為敘述國際關係時最重要的面向，則是明顯地過於偏頗了。

在探討歷史上的國際關係時，若過度地受縛於以內政、社會經濟、制度史為主要觀點的「近代國家」概念，那反而是讓自己的視野過於狹隘了。在檢視某種國際關係時，絕不能因為實際的交涉、接觸交流過少，便怠惰不去努力深掘其「間歇性」背後帶有的意涵。這樣的演練可以說是磨練歷史學家感受性的重要步驟。

再者，在探討前近代東亞國際關係史時，具備有對於理念與現實之關係的成熟感受力更是極為重要的一環。這樣的能力也是在當面臨價值與狀況二元對立的困境時，是否具有掌握人類與社會之動力的政治觀與人間觀的重要視角。

特別是在面對中華理念、名份論或是儒教的「大義名份」時，以政治的、精神史的方式去深掘、考察，在國際關係分析上更是重要。此外，要了解朝鮮、日本或東南亞社會之制度上的「原則」，與國家安全、威信等現實利害間的困境造成的前近代性、普遍性「粉飾」之技巧，比詮釋一般日本國內史，需要更加成熟敏銳的感受力。也因此，大前提便是要具備人類文明的普遍理解力，特別是在東亞國際關係史的研究上，更是不可或缺。

此外，以中國為首的東亞各國，不僅是當時的資料，即便是現代的研究成果，各國的對外關係史受到現行體制的政治要求及壓力，或是「傳統性」意識型態的規訓、影響而偏頗的情形，都大大超出日本人的想像。也因此，在批判史料或將之做為研究論文、著作的材料時，也必須具備有掌握各國實際情況的敏銳政治感受力才行。在了解這樣的問題後，現代日本的視角才得以不過度地受到制約，進而能開始思考前近代日本與「中華」的距離。

「朝貢」是中華的本能嗎？

一旦開始思考「中華」與「周邊」的距離，腦中勢必會浮現出廣義的「朝貢」問題，這是自秦漢起，一直到二〇世紀初期的晚清，維持了二千多年的中華帝國一貫之中國國際關係現象。

前近代中國外交史的權威Mark Mancall以概觀全體的視野檢視，提出朝鮮是自始至終都明顯地忠實執行向中國朝貢一事的國家，而相反地，日本則是最努力要與中國保持距離的國家；另一方面，暹邏雖然表面上熱心地履行朝貢之義務，但背後實際的動機則是為了從貿易中獲取經濟利益、傳播文化（M.Mancall, *The Ch'ing Tribute System: An Interpretive Essay*, in The Chinese World Order, ed., by J.K.Fairbank, Harvard Univ. Press, 1968, pp. 63-89）。

實際上，中國歷代王朝之帝國即便處於完全名不符實的衰弱狀態或分裂當中，也依舊努力維持周邊諸國的「朝貢」制度，這份執著宛如是「中國文明的本能」一般，令人玩味。將周邊諸國、各民族向中國「朝貢」之舉動，視為王朝、政權擁有正統性、皇帝受命於天之證明，也符合自古以來儒教價值體系、天命思想等論點。不過依時代、狀況之不同，有時這樣的舉動超越了價值體系的次元，成為中華文明、民族性等本能的「具象化」運作。而周邊諸國則不時地將「朝貢」視為刻意的「政策選擇」範疇，即便是最忠實臣屬國朝鮮也不例外。

也正因如此，周邊各國儘管具有證明體制正統性的狹義政治目的，或者以「事大」（以小事大，即向中華威權表明道德上的誠服，並遵守禮儀）一詞解釋彼此的關係，但以國際的視角來看，「對峙」意識總是存在於周邊，這也是「朝貢體系」此一國際秩序模式重要的本質。

為何禮遇「卑彌呼」？

自西漢以來，日本（倭國）的對華（中國王朝）朝貢模式，若以時代全體的概觀視角來看，可歸納出三大特徵。其一，日本具有極為明瞭、始終如一的獨立意志。其二，相較於經濟文化面向緊密的關係，政治上則是不時出現明顯分離的傾向。然而相當有趣的是第三點，中國對於日本總是採取一種「奇妙的特別待遇」。實際上，試著閱讀一些不具感情的事務性質正史（由王朝編修的中國史書），其中記載的對日關係也可發現，前近代中國的日本觀，存有一種與周邊諸國截然不同的奇妙距離感，這看似「佯裝成漠不關心」的背後，其實隱藏著「關注的氣息」。

自羅馬以來，主宰國際秩序的超大強國其周圍，總是圍繞著眾多的周邊勢力，需要處理的外交實務案件也是不勝枚舉，也因此，對於交流的對象國家，自然難以一一保持著同理心，掏心掏肺地去對應。不過即便如此，中國（歷代中華王朝）對於中華周邊勢力之一的日本（倭）之處置，還是近乎奇妙地相當寡言靜默。

眾所皆知，第一個提及日本（倭）的中國史書，是編於戰國時代到漢代的《山海經》中「海內北經」的「倭屬燕」一句話。

接著在《漢書》地理志中也提到：「樂浪海中有倭人，分為百餘國，以歲時來獻見云」，之後於《後漢書》的光武帝紀．東夷傳，「奴國王」中則記載如下：「倭奴國奉貢朝賀，使人自稱大夫，倭國之極南界也。光武賜以印綬」，相當簡潔。同樣在《後漢書》東夷傳中，也記載西元五一〇七年「倭國王帥升等」，當時日本相當少見地向東漢進獻了多達一六〇人的生口（奴隸），在史書中卻沒有加以說明，簡直像是在為了二戰後日本掀起的解謎「古代史風潮」鋪路一般，對於「倭」的重要內情總是刻意地迴避。

中國史書，特別是在正史編撰上，忌諱不確實的記述，以知性的官僚規範為主的確是其特徵。也因此，當司馬遷的《史記》（六卷）以津津樂道的筆觸記載「徐福」渡海蓬萊時，便令人感到些許意外了。無論如何，從正史的寡言靜默便可看出，對中華民族而言，「東海」（亦即東方海域）充滿了神秘感，以及過少的情報量，此一帶有深層意涵的「漠不關心」，也成為「中華」對日觀的基底，了解這一點，是相當重要的。

然而，到了「魏志倭人傳」（正確說法為《三國志》魏書．東夷傳．倭人條），則忽然翻轉以往的特性，對日本的敘述變得相當豐富。這突如其來的豐富記述，總是引起日本史學界的混亂。比如說「邪馬台國」的內幕，原本的史學關注僅只於周邊性的「卑彌呼」之「百面銅鏡」等事件，頂多是提供了現代日本人些許的「話題」而已，然而，在景初年間（二三九年）的「卑彌呼」遣魏使節一事，卻記述於「倭人傳」中，並備受信賴，以下的內容對於史學上的關注來說相當重要。

同年，卑彌呼指派遣魏使節「倭之大夫」難升米為正使、都市牛利為副使，經由朝鮮半島、帶方郡前往魏都洛陽。使節獻上了生口男女一〇人、斑布二匹二丈，做為回禮，魏回贈「銅鏡百枚」。然而，此「銅鏡百枚」之所以具有重大意義，是由於魏皇帝賦與「卑彌呼」的詔書中記載「是汝之忠孝，我甚哀汝」、「今以汝　親魏倭王，假金印紫綬，裝封付帶方太守假授」，寫道「今以難升米　率善中郎將，假銀印青綬」。受封「親魏倭王」一事，可謂是觸碰到了中華國際秩序觀的本質，也是考察「中華」與其「周邊」中古代日本與中國關係的關鍵。說得更極端一點，這樣的觀點，比議論「邪馬台國」到底是位於北九州還是京城內、「卑彌呼」與大和朝廷的關係為何等，更能理解日本「國家的形式」之本質。

另一項不時被提出的論點便是，「親魏倭王」的封號足以與同時期統治中亞至印亞大陸的「西方大國」大月氏國的「親魏大月氏王」匹敵，這樣的說法明顯是在表明日本僅次於中華帝國，是周邊勢力中最具威信的勢力。那麼，究竟是基於什麼動機，讓區區東方海域列島上的一小部份小國（至今的日本史學觀點）「邪馬台國」之君主「卑彌呼」，受到如此「備受矚目的禮遇」（栗原朋信、西嶋定生、崛敏一等三位權威學者一致的觀點）呢？又為什麼，諸位沒有察覺到這是比「銅鏡」來得更加重要的提問呢？從這裡，也可看出現代日本史觀中重大的「偏頗」。

中華的修辭

在魏皇「冊封」「卑彌呼」為親魏倭王的一〇年前，大月氏（貴霜王朝）著名的迦膩色伽王之孫・波調派遣使節前往魏國，受封「親魏大月氏王」。中國的此一舉動，應是期待藉此讓中國的西邊大國大月氏確保西北邊境安定無事。同樣地，對於倭國一樣是期待能因此確保東南邊境的和平，這樣的詮釋是最為普遍的論點（比如說榎一雄《邪馬台國》／汲古書院／一九九二年）。

的確，這樣的詮釋並沒有錯。西元二二七年，西域涼州諸王派遣使節前往蜀王朝，冀望蜀能協助一同攻打魏國（《三國志》蜀史・後主傳）。魏為了與西域抗衡，決定借助較西域勢力更偏西南方的貴霜王朝（大月氏），因此特例地優待大月氏，冊封完全不屬於中華文明圈的貴霜王朝「親魏大月氏王」（可參見西嶋定生《日本歷史的國際環境》／東京大學出版會／一九八五年）。

同樣地，當時統治遼東到朝鮮半島北部的公孫氏政權受到吳王朝的攏絡，即便在其滅亡後，魏依舊擔憂吳自黃海進攻，因此對於位在當時朝鮮南方至東海（吳國東側）的倭國，賦與了特例的禮遇，以牽制吳國在黃海上的蠢蠢欲動（西嶋．前引書）。的確，這樣的局勢在《三國演義》中也能讀到，此時魏的南方，現在的安徽省周邊，兩軍正處於緊張情勢，東方海域上吳國的北上對魏王朝而言確實是莫大的潛在威脅。

然而，這樣的解釋，只是將史料上的文字通篇再複述說明一次罷了，彷彿是刻意回避了真正需要關注的重點。當時企圖聯合蜀攻打魏的西域勢力，不只是西域諸國（至帕米爾高原的東突厥斯坦、幾乎於現今的新疆維吾爾自治區重疊），還包括了勢力範圍大至現今哈薩克的巴爾喀什湖至鹹海、裏海的康居國。魏為了與這樣的敵對勢力抗衡，當然進而想要借助能與此勢力匹敵的戰略性大國貴霜王朝（大月氏）之力，因此賦與貴霜王朝「親魏（大月氏王）」之封號，可以說是相當合理的待遇。如此看來，賦與「卑彌呼之國」等同於龐大帝國貴霜王朝之待遇，乍看之下的確是相當的不平衡。而前述的日本歷史研究者們，卻明顯此忽視了這個疑問。

看到這裡，腦中自然會浮現以下的三點疑問。第一點便是，「卑彌呼之國」（倭國），也許是超乎我們想像的戰略大國？相關的事實相信在不斷進展的湧**向**遺蹟研究者中，隨著日本史學之古代史樣貌之變化，將有一天會真相大白。其二，認為賦與倭與大月氏國同等的待遇是十分不均衡的作法，抱持這樣論點的研究者提出的說明中，卻不曾提及，這是否代表了對魏而言，維持樂浪郡的統治，比與西方交易所獲之利益、比確保與中原直接連接的河西走廊，來得更重要、更符合國家利益？這樣的迴避也顯示出這樣的說明還是稱不上合理的論點。

第三點提問則是，分裂為魏吳蜀三國的「中華」，較以往更加頻繁地運作冊封體制，這是否代表了此一時代將「華夷思想」等正統概念衍生出的冊封位階・稱號等嚴格的束縛棄之如敝屣，回歸到有如戰國時代，以「遠交近攻」的手法進行霸權主義式的戰略行動？被逼入絕境後，便開始有如「通貨膨脹」一般地胡亂冊封爵位，展現出本質性的便宜行事主義，並依然執著於中華的修辭，這樣的對外行動，也適用於之後同樣處於勢力並立狀態的南北朝、或是分為北宋・南宋的宋王朝等各個分裂時期的「中華」。因此，魏採用的舉動，絕不僅是單純的戰略性便宜行事主義而已。

對此，前述的Mancall費心描繪出「便宜行事」與「理念」的本質上二元性，甚至也符合現代中國外交的走向（MarkMancall, China at the Center: 300 Years of Foreign Policy, London: Collier Macmillan, 1984）。若不徹底理解此一「二元性」，而只是看到宋代的並爭狀態，便立即認定這樣的對外行動僅是純粹地回歸到「勢力均衡」型，如此單純的見解是無法深入核心的（相反地，強調如此見解的著作可參見Morris Rossabi ed., China among Equals: The Middle Kingdom and Its Neighbors, in the 10th-14th Centuries, Berkeley: University of California Press, 1983）。

不論是哪一種見解，只要不迴避原本的史學考察，即便是起始於對於「邪馬台國」單純的關注，也將可以窺見「中華」深奧本質的一角。嘗試深刻地去體會「中華之眼」，就算是虛心地探討「邪馬台國」的歷史，相信也是能培養出真正的國際觀的。於是，「中華」對日本抱持的難以啟齒的「深刻關注」，也逐漸地顯露出檯面。

日本的對華朝貢，在卑彌呼之後，於五世紀的「倭之五王」時期也留下了頻繁的記錄。「倭王・武」於四七八年受宋冊封為「安東大將軍」（正式名稱為使持節・都督倭新羅任那加羅秦韓慕六國諸軍事・安東大將軍・倭王）之後，一直到足利三代將軍義滿的「朝貢外交」為止約九〇〇年，日本都不曾再臣屬、受封於中國王朝。不過，確實此一期間，日本派出的遣隋使、遣唐使，或是由平清盛擴大的日宋貿易關係等，也讓中國單方面地以廣義的「朝貢使」來詮釋與日本的關係。此外，義滿一代明確地向明臣服、接受冊封，而繼承義滿的四代將軍義持卻激烈地反對「對明臣服」，並與明斷交，之後到了五代將軍義教，才又與明修復邦交，這樣一連串的舉動，在明朝看來，的確也是符合廣義的「朝貢」體系。不過，在此必須注意的是，與臣服冊封之「狹義的朝貢」有所區隔的「廣義的朝貢」，是對應於漢代建立起的「外臣國」、「外客臣國」（藩屬國或屬國）與「不臣的朝貢國」所做出的區隔，即便中國王朝欲刻意將此一分類曖昧化，此一區隔依舊明確地存在。

優秀的古代東亞國際關係史學家栗原朋信認為，前述的倭之奴國王雖然獲得印綬（金印），卻依然是不臣服僅朝貢的「不臣之朝貢國」，之後卑彌單「進昇」為「外臣」，倭之五王時代也擔任中國之「外臣」，接受了中華王朝的官職（前引書・栗原《上代日本對外關係研究》），也就是前述的「外臣卑彌呼」獲得了「備受矚目的禮遇」。此外，六〇七年著名的遣隋使小野妹子帶著據說是聖德太子親自起草（此一論點的代表著作，請參見內藤湖南《日本文化史研究》／講談社／一九七六年）的國書，寫道：「日出處天子，致書日沒處天子，無恙」，表明了面對中華，日本明確地選擇作為一對等國家之立場，也是無庸置疑的。

換言之，此一時期之後的日本，在周邊諸國的分類當中，已成為中華的「鄰對國」或是「敵國」。當然，這裡的「敵」指的是「匹敵」的敵，也就是「對等國」的概念，並沒有其他的涵意。因此，除了「倭之五王」及足利義滿之事例之外，在朝鮮、安南等深受漢字、儒教影響的東亞文明圈中，日本與「中華」保持的距離始終相當地明確，這不但是不爭的事實，也是日本文明史的核心，整體歷史上的重要特質。

這樣的距離感，究竟是從何而來呢？這不是一個一般的提問，而是在思考「國家的形式」時，無可避免的重要過程。

5章

作為「亞洲式粉飾」之中華秩序

一九九七年七月，始自泰國通貨匯率暴跌，爆發了亞洲金融通貨危機，也引發了國際論壇從各個面向展開議論，其中「亞洲式風土」成為不斷反覆出現的詞彙。值得矚目的使用範例如「亞洲式」金融＝政治體系的「不透明結構」，意指隱瞞了龐大的不良債信；又或是「亞洲式」經濟政治的各種慣例，意指讓矛盾與問題都隱藏在從外側看不到的經濟體背面，長期累積的問題，最後從金融通貨層面發生重大問題，引發激烈的表象化。

到了二〇世紀末，突然之間，人們開始關心起「亞洲式」概念了。所謂的「亞洲式價值」指的是什麼？亞洲式民主主義、亞洲式經濟運作，這些奠基於「亞洲式共生」的國際秩序等議論，也開始出現在日常性、時事性的問題討論中。然而，再也沒有比近代創出的這個「亞洲式」一詞彙，更令人頭痛卻又重要的東西了。人們直到現在依然在討論它的定義，環繞在二〇世紀的社會科學中針對抽象的概念範疇進行無謂的操作、探究，然而，若能以更加貼近歷史過程並重視實際狀況的歷史性敘述方法，相信就能闡明所謂的「亞洲式性質」。

本書的目的也就是探求中國與國際社會的歷史性連結，從中國與其周邊東亞諸國、諸民族間的關係所見的歷史性模式（Pattern）來思考其本質性的特徵，相信這也是深入「亞洲式性質」核心的一種嘗試。

在此，從本書的重心來看，會發現一種可稱之為「亞洲式粉飾」的運作模式，總是令問題深化、沉澱、堆積，發展成一種「矛盾的（超）長期性累積」之特殊現象，最後，在經過一定的期間、超越了一定的限度後，便由於外在因素或是事態本身的重擔而「體系自行崩解」，進而得以衍生出新的均衡（秩序）。可謂是文明史上的「歷史性模式」之明顯事例。

「亞洲式」範疇之界定，已經受到多方反覆地評論，成為一個不斷孕育出問題的難題。然而，最近這些年的某個時期（主要為一九九〇年代），以新加坡、馬來西亞的知識份子、政治家為主，與西方媒體進行的「亞洲式價值」的論戰中，為了與西歐式的合理主義對抗，亞洲諸國開始積極地提出「亞洲特有的合理性」之觀念。

主要的論戰主軸圍繞著「人權」、「民主主義」的存在模式及其相關的價值體系、價值觀等問題上，然而其背後的基盤，總是存有西歐與亞洲對於世界觀、國際秩序上觀念的相左，即便沒有特別刻意論述的事項，背後對於公共秩序，也就是政治、經濟、社會等各種問題所抱持的基本解決途徑就具有文化上的差異，兩者之間總是存在這樣的問題。

從本書的問題意識——探究中國與國際社會之連結來看，中國國際關係在歷史中形成的秩序觀，究竟與西歐的秩序觀具有怎樣不同的特質，此一特質又是具有怎樣的「亞洲式」性質，這些都是本書關注的命題。

也就是，一邊是明確地表明對峙、對立之立場，曝露出爭論點進而解決問題、形成秩序的西歐式對抗型秩序觀（Confrontational approach）；另一邊則是截然不同的「亞洲型」，以「共識（consensus）」或「妥協（compromise）」為主要途徑。也有研究者將後者指稱為「亞洲式共生思想」，這也讓亞洲建立起與西歐式途徑截然不同的國際秩序及社會關係觀念。冷戰後的二十一世紀，這樣的觀念成為世界秩序中的「新潮流」，今後也將愈趨重要，這樣的議論自一九九〇年代一直到二十一世紀，含括各種不同的模式，不斷地被討論、提起。

然而，所謂的「亞洲式共生」，究竟是否真的具有顯著的模型？亦或，在國際關係的秩序形成中，真的有所謂本質上的差異嗎？這些疑問，其實至今都尚未進行過真正具體性的考察。

無論如何，此種觀念性的概括式（Sweeping）議論，雖然已經超出了本書的關注範圍，不過像是思考「中國的到底有多亞洲？」這樣的問題，進而探究中國與國際社會的連結，也是本書重要的核心主旨。

「模糊」的國際秩序

在此，做為一種歷史性模式，從中國與其周邊諸國的國際關係中，探究有多少的實際案例可視為「亞洲式」性質，並思考其背後本質的考察，對本書的主旨而言是相當重要的。

如同前述，在探討東亞歷史世界中中國與周邊諸國、諸民族，也就是「中華」與「周邊」的關係時，總是有以下三個因素在相互作用、對峙，有必要具體考察各因素的運作方式，在此先再一次確認三項因素：

①中國與周邊各國之間的政治、軍事權力關係。

②基於華夷思想，彼此間的「地位」、權威與上下關係，與實際狀態或藏有實際企圖之現實產生分裂。

③周邊諸國對中國或「中華」進行交流以謀求貿易、文化上之動機。

也就是說，重點在於這些因素如何具體地相互組合，並於各個層面衍生出秩序意識，進而創造出怎樣的文明史上之「歷史性模式」。經過這樣的程序產生的「歷史性模式」，究竟具有怎樣的模型性、內涵為何的「亞洲式性質」，都是考察的重點。

到前一章節為止，探討了「中華」與「周邊」的距離感，其中日本的事例相當令人玩味，也帶有本質上的意涵。而其本質，相信將能帶給我們認識「亞洲式」的某種暗示，說得誇大一點便是提供了思考「中國到底有多亞洲？」的一種提示。

再者，分別比較日本與越南及朝鮮在上述①〜③當中，與中華性中國之間的關係及歷史性模式，也是相當重要的一環。

在此，先說明結論的一小部份，至近代為止，數千百年的日中關係歷史中，始終是以②及③如何相互作用視為主要的主軸（①成為問題的事例，為白村江戰役後元寇與「倭寇」時代、明的永樂帝時代，以及清朝的台灣征伐期（一六六一〜八三年）等例外事例），對日中雙方而言，在中華性秩序世界中日本的「地位」（日中關係是屬於對等、鄰交式朝貢、亦或藩屬？）在絕大多數的時代中，都是兩國關係的核心問題。而這也是日中關係交惡的源頭，意即「對峙的焦點」。另一方面，越南最大的問題則是以①與③為主，原則上，在「地位」

並沒有紛爭，不構成問題，而是雙方背後真正的「意圖」成為主要的爭論點。而朝鮮，在七世紀後半由新羅統一之後，①~③都沒有出現過大的衝突，整體而言對中關係較為穩定。不過，因而衍生出的「負擔」（成本）問題，倒是始終成為朝鮮與中國對峙的主要命題，之後也會再加以說明。

形成中華秩序重要核心的「歷史性模式」，「周邊」與「中華」的對峙具有各種不同的象限。而「周邊」與「中華」又是如何**演出**各自的對峙，則是決定東亞秩序本質的關鍵。

換言之，日本與中華性中國之關係在「地位」上對峙，越南與中國之關係在非關門面原則而是內心「意圖」上對峙，而朝鮮的對峙點則是源自於具體的「負擔（成本）」，雖然各自對峙的契機與其核心相異，此東亞周邊三國與中國之關係不斷地透過「調整」，摸索出彼此間的秩序，這種「半永久性的持續齟齬」，也許正是東亞歷史秩序的本質。經過了一〇〇〇年以上，這樣的對峙及齟齬，不是在「顯露」出問題，而是嘗試打造出一「模糊」的構圖，「中華」及「周邊」是如何有意地形塑出「粉飾」之結構，最後又如何具體地連結到東亞國際秩序之文明史結構的形成，其中又包含了多少本質上的「特殊亞洲式」性質，這些都是需要關注的對象。

日本、越南、朝鮮三者，大約都是在七世紀至一〇世紀間，依循與中華秩序的關係，完成了持續到近代的歷史性自我形塑及相互關係之文明史結構化。三者各自的起始如同前述，朝鮮於六七六年隨著唐朝放棄直接統治朝鮮半島，新羅進而統一了半島；越南則是在一〇世紀的九三九年及九八二年兩度於「白藤江戰役」中取得勝利，脫離了中國的直接統治，完成獨立；另一方面，日本自五世紀末「倭王武上表文」後，便於歷史上徹底脫離了中華冊封體制，接著隨著七世紀走向律令國家體制，根本上地否定了對中華之藩屬關係，確立了日本的「國家形式」。

然而另一方面，中國經營與「周邊」關係的原始目標，在於維持中國的門面原則，中國各王朝無法放棄在東亞貫徹中華秩序，除了堅持原始目標外，也開始摸索在現實中面臨障礙時，不斷地進行「戰略性調整」之嘗試。於是，「模糊」與「粉飾」的技巧因此誕生，也成為東亞歷史世界中「秩序形態」的基本原貌。同時，依據上述①~③的各因素相互作用及權力關係之狀況，只要一旦機會來臨，中華始終傾向於貫徹具有普遍性的華夷秩序，也就是反覆出現的「帝國的衝動」。

反覆出現的「帝國衝動」

首先是六世紀末（五八九年），隋統一中國，也讓東亞的國際性中華秩序在政治軍事的權力關係上，產生了莫大的變化。

依然處於高麗、百濟、新羅三國分立的朝鮮半島，睽違三〇〇年再次面臨崛起的隋唐等強大中華帝國，帶來了再度活化的華夷秩序，三者都拼命地嘗試適應，並且也因此逐漸實現了統一半島的歷史性事蹟。

另一方面，如前章所述，日本在「倭王武」後，歷經了一二〇餘年與中國斷絕關係的日子，進入了推古王朝時期，展現出了嶄新的對峙與適應形式。中國史書（《隋書》本紀及倭國傳）與《日本書紀》中的記載雖然略有出入，關於「遣隋使」的開端，《隋書》倭國傳記述如下：

「開皇二十年（六〇〇年），倭王姓阿每，字多利思比孤，號阿輩雞彌，遣使詣闕。上令所司訪其風俗，使者言，倭王以天為兄，以日為弟，天未明時，出聽政，跏趺坐，日出便停理務，云委我弟。高祖（隋文帝）曰，此大無義理，於是訓令改之。……」

其中「阿每多利思比孤（あめのたりしひこ）」是日本天皇號之和名，「阿輩雞彌（おほきみ）」則是大王。「天皇」號的成立，究竟是始自於天武朝（七世紀後半）、還是可以追溯至推古王朝？一直以來都是日本國史學上爭論不休的命題。不過對我們而言，重要的不是「天皇」號，而是日本的使節在面對中華朝廷時，以「天」來說明本國的君主，其中蘊含的重大意義。與一二〇年前的「倭王武上表文」相比，面對中華時理念上的對峙意識可以說是更加顯著了。而日本這樣的態度，看在以「天下不容二帝」為基本規範的中華秩序觀眼裡，又該如何處置？《隋書》中僅只於「於是訓令改之」，保持沉默。對於日本如此嚴重地挑戰中華理念，為什麼隋帝卻選擇了沉默？

在此，我們不該忘記的是，開皇二〇年（推古八年）前後，正是中華帝國睽違數世紀再度舉兵，動員三〇萬隋軍進攻朝鮮半島北部（高麗），發起了重大軍事行動的時期。也因此，日本的推古王朝在睽違一二〇年後，再次判斷必須派遣使節前往中華。

之後即位的煬帝於六〇七年（大業三年）巡訪北方邊境地帶，對突厥與高麗結盟之事相當敏感，在六一二年元月動員了一一三萬大軍，準備全面征服高麗，直接統治朝鮮半島。眼看東北亞情勢陷入緊張，擔任推古女帝攝政的聖德太子，才會判斷需要一改百餘年來未與中國大陸維持正式邦交的局面，決意派遣使節前往隋朝。然而，一直以來便成長於日本國內的「治天下大王」之天皇，是「日本（倭國）世界」這個小宇宙中至高無上的存在，在對面中國朝廷時，以有意的「去中華理念」來表現自我，這一點才是具有更加重大的意涵。此一事例含括的歷史性、日本文明史規模的重要性，已經超越了史觀的問題，如今必須再次加以強調。

於此需要關注的是，當「周邊」如此顯著地嘗試改變既有的秩序，「中華」是如何應對處置的？當雙方面對新的局勢，在走向上產大巨大落差時，中華又是如何「收拾」局面的？在關注這些問題的同時，相信將能看到「亞洲式秩序形成」之文明史、歷史全貌的模式。

七世紀確立的日中關係之構圖

直到七世紀前都處於分立狀態的朝鮮三國，在隋成立之後，三國都立即派遣使節前往新中華帝國進行朝貢，並擔任中華皇帝之臣，受封官職。

另一方面，卑彌呼之後，在五世紀前的日本（倭國）與中國王朝進行正式邦交時，中國史書中記載，日本同樣是接受冊封擔任中華官職，然不時地要求要獲封更上級的官職。不過到了七世紀初後，這樣的記載便不再出現了。一直到十五世紀初，足利義滿接受明王朝受封為「日本國王」，才又再度看到類似的史料記述，這在歷史上，不過僅是一瞬間的故事（前引書／西嶋《日本歷史的國際環境》八九頁，及佐久間重男《日明關係史之研究》／吉川弘文館／一九九二年／第二章）。義滿之後、一直到近代，這樣的事例再也不曾出現，我們可以說，在此時（七世紀初）中華秩序世界裡日中關係的文明史構圖便已確立。

然而，這並不代表日中關係上所有的局面，都立即能以此構圖全盤地說明。相反地，「中華」依舊試著將日本視為藩屬的「周邊」群之一，不願放棄此原則上的門面立場。不過這也並不只是「面子」問題，更是虛構的抽象主張，既然「於是訓令改之」，中華不時施以各種政治上壓力，對日本以「論」改之，也不時地反覆出現軍事上的「征倭」威脅（如明永樂帝時期），催促日本「馴化」進入中華秩序。

然而，日本不論是在義滿之前、還是之後，都一貫地保持七世紀初以來獨立於中華之外的對等主張，不曾破壞這條基本底線。不過，除了豐臣秀吉「欲進攻大明國」（出兵朝鮮）之事例之外，考慮到日本與中華在政治軍事之權力關係及貿易文化之利益，日本對於「中華」的「模糊粉飾」處置，也沒有採取正面衝突、挑戰之行動。換言之，中國絕不承認日本（倭）的地位變遷，即便明白日本公然地主張獨立對等之地位，卻也故意擱置不加以處理，而日本也有意地迴避將這樣的主張記載於地緣政治決定性的脈絡之中，這便是日中關係文明史上的基本構圖，也是東亞、中華歷史世界中，日中關係具有的特殊「歷史性模式」。換言之，日中雙方雖然持續互相對峙，卻為了迴避正面對決，而互相粉飾對立的實態，以確立秩序形成的結構性模式。

那麼，歷史上的日中關係之經營，在此一「對峙」下的「亞洲式粉飾」中，是進行了怎樣的具體過程與手法呢？

華夷「對決」的三個類型

以中國為中心的歷史性國際關係中，「中華」與「周邊」的關係，一方面，有像朝鮮這般積極地以華夷思想為主軸，遵循王化與事大之中華理念採取行動的「順應」模式；另一方面，則有像日中關係這般，彼此心知肚明彼此具有重大的齟齬，卻選擇「互相沉默」採取永久性的「對峙」；另外，也有越南這般，不時依據力量的關係從正面「對決」的模式。中越間的「對決」事例，在中華秩序二〇〇〇年的歷史中出現的次數不計其數，中國在對越南之外，也出現過多次動搖到「中華」立場根基，並對東亞國際秩序造成重大影響的「對決」事件。此「對決」模式，可分為以下三種類型。

其一，當與「周邊」的「對峙」到達極限時，「中華」便開始積極嘗試對外征伐，欲以軍事壓制「周邊」。這樣的事例在歷史上不勝枚舉，漢武帝、隋煬帝、唐太宗、明成祖（永樂帝）、清康熙、乾隆帝等，各個時代在王朝初期國力充沛時，「中華」意識強烈的皇帝依循自身行動力，積極地實踐擴張的衝動及軍事征服。其中隋煬帝成功地遠征至突厥、吐谷渾、林邑（中南半島〔印度支那〕的占城，不過占城為唐代後的稱呼）、琉球（此一時期可能意指台灣），不過動員一〇〇萬大軍多次進攻高麗卻是屢戰屢敗，也讓隋在尚未完成「中華王朝」的王朝循環前，便先崩解了。

第二種「對決」類型則是在宋代之後，活躍的北方遊牧民族進入中原，反倒「征服王朝」，成為君臨於中華之上的「周邊」。像是宋與契丹（遼）、金以及蒙古的元。

第三種「對決」類型，則是「倭寇」及明代之後蒙古各部族反覆入侵華北邊境（北虜）等事例。在此之前也有類似的案例，他們沒有明確的政治目的，而是以恆常化的**發洩式掠奪**行為為主軸。這樣的「對決」模式時常成為長期化、間歇式的對立，明代也是因為不斷地處理此一對決，而造成「中華」決定性的疲態弊端，最後也成為東亞國際秩序大動盪的因素。

另一方面，一面避免產生這樣的「對決」，忍耐著種種壓力，同時又拒絕「順應」一貫的中華理念之秩序結構的日本，其選擇具有怎樣的特質呢？作為戰前強烈國粹傾向之反動，日本的戰後史學一般認為，日本執著於與中華對等之立場，是因為考慮到當時日本國內的政治契機、與朝鮮半島的百濟・新羅等實際關係等所做出的選擇，沒有特別深層的意涵。確實這些考量也都是重要的因素，不過在看待國際秩序觀時，必須要以更寬闊的視角去進行說明。不然，「中華」催促日本「順應」的衝動，為什麼受到如此強烈的自我壓抑？這一點將無從解釋。

然而，之前提到的開皇二〇年（六〇〇年）第一次遣隋使之事例，在《日本書紀》中並無記載，能夠直接回答此一問題的史料至今也尚未出現。不過第二次著名的小野妹子遣使之事蹟，眾所周知在「倭國傳」中留下了記錄：「大業三年（六〇七年），其王多利思比孤，遣使朝貢。使者曰，聞海西菩薩天子重興佛法，故遣朝拜、兼沙門數十人來學佛法。其國書曰，日出處天子，致書日沒處天子，無恙，云云。（煬）帝覽之不悅，謂鴻臚卿曰，蠻夷書有無禮者，勿復以聞」。相信看到這裡，任何人都會注意到「日出處……」的記載，便是毅然主張日本與中華處於對等立場之內容，這當然就是「對中國皇帝表現出對等之姿態」（前引書／西嶋《日本歷史之國際環境》九〇頁）。不過除此之外，前段對於佛教信仰極為熱衷的敘述，也是在官方書信中少見的內容，也是需關注的焦點。

聖德太子以佛教治國的國家政策是相當著名的，同時，此一時期的東亞文明圈中，各國選擇佛教還是儒教，是對外表明自身立場的重要指標，也是決定與「中華」之距離感的重要政治性選擇，這一點在朝鮮、日本、越南身上都可以應證。特別是越南，從此一時期到一〇世紀完全脫離中國獨立為止的這段時間，「選擇儒或佛」是民族主義層面的重大分歧選擇。六世紀末至七世紀間，暫時建立起越南獨立政權的李佛子，便刻意排除了「儒」，也就是中華，進而採用國家性的佛教政策，也成為之後近一〇〇〇年來越南史的基盤。

換言之，即便是隸屬於東亞文明圈的這三個國家，也都是在時代長期演變，直到各自的對中華認同達到穩定確定的一五～一六世紀後，才終於讓儒教（或稱儒學）獲得國教般的地位，成為國家層級得以接納的「文化裝置」。在這一點上，儘管李氏朝鮮、德川日本或後黎朝期越南彼此在接納的形式上有所不同，但從此時，這些國家對中華認同都已經堅固確立看來，這的確是近世初期儒教廣被接納的強力指標。

無論如何，聖德太子在國書中特別提及佛教這一點，可以說是日本試著透過佛教這一個超越「中華」的普遍性價值，來傳達決意脫離中國冊封體制，並主張自我是與中華對等之存在。

不過，在此我們應當更加關注的，是「中華」的反應。雖然表示「帝覽之不悅……」，但與第一次遣隋史的「訓令改之」一樣，並沒有提出具體的「制裁」方式，說的極端一點，二次都是刻意地模糊焦點。後者在「倭國傳」的記述後，也就是對話外的補充說明中，提到

「新羅百濟皆以倭為大國多珍物、並敬仰之、恆通使往來」。這也說明了，的確中國並不打算將日本視為與半島諸國同等的對中華臣服之國，而是承認日本具有一定程度的國力及文化的優勢，這便是日本特例的對等主張之背景（比如崛／前引書／二〇三頁）。不過，在理解這一點之後，更需要去探討、解釋的，是「中華」獨獨對日本默認了與其理念絕不相容的對等主張，這樣的舉動代表之意義，並將此背景依中國史的脈絡加以闡明，然而，至今的中國史學家從未有過這樣的研究。

從日中看到的「收拾」與「粉飾」

針對寫有「日出處……」的國書，隋請小野妹子帶回的回信，卻是「歸途，遭百濟劫去」，這是《日本書紀》中的記載。作為隋的答禮使，與妹子一同前往日本的隋朝文林郎、裴世清則轉達了隋王朝的國書內容，書紀中也有記述：「皇帝，問倭皇。……聞自遠方朝貢，衷心感謝，朕予以嘉賞」。先不論「倭皇」一詞（也有眾多研究者認為原文應是「倭王」），隋對於中華秩序的根幹，完全沒有一點讓步，將遣隋使視為「朝貢」便是一明顯的事例。這也顯示出日中之間貫穿歷史的大義名份上的「對峙」，已是相當明白的形式了。換言之，此一「對峙」也是日本在整體歷史中因對中華之「地位」問題，不斷反覆回應的課題。

同年（推古一六年・六〇八年），與裴世清同行再度前往隋的妹子攜帶的國書，寫道「東之天皇，向西之皇帝致敬」，這也是日本書紀中的記載。關於「天皇」號，日本史學家還有眾多爭論，在之前的國書中天下不應存有二位以上的「天子」一詞，已沒有在此出現，不過，卻以東、西之詞來暗示日本依然對「對等」具有強烈的欲望。於此，在半島政策及文化輸入上，日本認可不可或缺的對華交流之必要性，同時對於中華王朝主張的華夷意識型態，則依然採取從正面否定的堅持立場。在這樣的舉動中，日本表現出的，是在現實的需求與名份上自我主張的對立之下，操作的「收拾」與「粉飾」。再者，中華王朝在面對日本堅持對等的自我主張，大部份的情況下，都不會採用任何的「制裁」或對抗措施，而是採取無視、進而默認日本的主張，並接納了日本派來的使節，這也是需要關注的重點。

也就是說，彼此都明白雙方並沒有在關係性的原則上取得共識，卻又依然持續這樣的關係，這是在歷史整體下，日中兩者建立起的機制。在這裡清楚呈現出的「粉飾」或「模糊」的形式，可以說正是東亞秩序文明史的特質。這一點，也可以說是中國在不斷地嘗試「國內化」的同時，在「大中華世界」中借用其秩序理念形成了「小世界」，日本則是主動位居於其中進行「小中華」式的適應，不過，光是這樣的說明，還是不夠解釋整體。六～一〇世紀在東亞不斷擴大的「小中華」現象（其具體的各種層面，可參閱酒寄雅志「華夷思想之諸相」・收錄於荒野泰典等編《亞洲中的日本V自我意識與互相理解》／東京大學出版會／一九九三年），並非只是模仿中華，至少以日本為例，這可謂是從「周邊」向「中華」對峙的主要契機。

「小中華」現象，指的是各國模仿涵蓋整個東亞的中華性秩序形式，不過，所謂的國際秩序，其理念性的層面本來就是始終依據歷史世界中特有的文明樣式，展現出不同的形貌，也就是「文明理論」融入「國家對峙理論」＝「國際理論」的普遍性現象之一。又比如說，某種層面上，拉丁羅馬世界的「小中華」現象，便是近代歐洲的「威斯特發利亞體制」，兩者可以並列討論。

無論如何，如同前述，日本嘗試忽略日中間對於認知與主張的落差，來「收拾」局面，而「中華」也採用相同的對應方式。也就是說，「歷史並非每每採取清算，而僅是不斷地累積彼此的不一致性」，展現出亞洲型的「模糊」與「粉飾」的模式。

六三〇年（貞觀四年．舒明天皇二年），在派遣了首任的遣唐使犬上御田鍬及藥師惠日等人二年後，唐使新州刺史高表仁自唐朝前往日本，依《舊唐書．倭國傳》中所記述：「表仁無綏遠之才，與王子爭禮，不宣朝命而還」。這裡所說的「爭禮」，指的是唐朝此時希望日本能明確地臣屬於中國而進行冊封，日本卻不接受之事（此一詮釋的代表著作可參閱前引書．西嶋《日本歷史的國際環境》）。

意即，「中華」考量隋代以來的經緯，並作為首任遣唐使的折衝（唐太宗免除了日本作為藩屬國應盡的年（歲）貢義務），對於日本的主張保持一定程度的默認。不過，當日本嘗試採取「模糊」或是讓原則曖昧不明的「收拾」舉動時，唐使高表仁則刻意揭穿，企圖讓日本成為明確地臣屬國。然而，高表仁的行動恐怕遭受到了日本強烈的反彈，最後唐使高表仁反倒無法確保中華王朝實質上的國家利益，嘗了敗果。這點可由正史中的「表仁無綏遠之才」看出。不過，這位「無綏遠之才」之人，雖然無法成功說服日本，「中華」卻是以再期它日作為處置，意即，這次沒有成功，只好暫且無視於日本的主張，等到之後局勢對我方有利了，再加以說服對方明確臣服我國，是一種帶有長期性企圖的說辭。

接著，「白村江戰役」（六六三年）爆發，朝鮮半島的情勢趨於緊張化。於「白村江」成功擊退日本軍並消滅高麗的唐，於六七一年（天智天皇一〇年）一一月，由使節郭務悰率領二〇〇〇人、船四十七隻前往日本，進行施壓外交。根據《善鄰國寶記》的記載，使節攜帶的國書有二，一為「大唐皇帝敬問倭王書」，一為「皇帝致書日本國王」，不論是「問倭王」還是「日本國王」，都表示唐在戰勝白村江一役後，認為局勢好轉，中華王朝欲冊封日本為臣屬國的企圖愈益增強。

隔年，日本發生壬申之亂，天武朝開始明確地與中華對峙，並走向遠離大陸的文化性脫離，進入了建構律令國家體制、整頓國內體制的時代。另一方面，「白村江的勝者」唐則面臨了新羅的反抗，於六七三～六七四年由劉仁軌率兵討伐新羅，同時，唐擔心日本與新羅聯手，對日本的施壓也一下子減少了。到了七〇一年（大寶元年），日本睽違三〇年再度派出遣唐使，此時唐敗給統一了朝鮮半島的新羅，放棄了直接統治朝鮮半島的野心，對於無論如何都不接受冊封的日本也不再施壓，僅專注於文化輸入，不斷地接納自日本經東海進入唐的日本留學生、留學僧。正可謂「擁有自身律令的國家，是不會向唐臣服的」（堀・前引書／二四三頁）。

在這樣的「角力拔河」當中，「周邊」的日本與「中華」的國際性・文明史對峙，在此又創出了新的平衡。不過這僅是「累積的歷史」之亞洲式秩序中，一種「模糊粉飾」的本質，也只是呈現出此時日中之間的某一種象限罷了。在下一章，將從「周邊」的越南（大越）與「中華」的連結，來深度探討所謂「亞洲式粉飾」的中華秩序實貌。

6章

從中越關係看「亞洲本質」

三項「對峙的構圖」

到前面的章節為止，我們從歷史的角度探討了「亞洲式國際秩序」，也就是以中國為中心的中華世界秩序之重要本質，其中一項便是「中華」與「周邊」間對峙（並非對決）的契機。如同前述反覆說明的，規範了「中華」與「周邊」之關係的因素，可分為以下三項，彼此間相互作用、衝突，並浮現出上述的「對峙」之構圖。

首先①即為中國與周邊各國之間的政治軍事上的權力關係，②則是奠基於華夷思想的「中華」與「周邊」對於地位與權威的上下關係無法達成共識而引發的對峙。最後再加上③追求彼此交流的經濟文化性動機，或是國內政治性動機，影響了與外界交涉與否的選擇。

至近代為止，日中關係千百年的歷史中，始終都是上述的②與③之因素成為主要的主題，而中華國際秩序中，日中雙方都長期地對日本之「地位」問題（是徹底的對等、鄰交的朝貢、還是藩屬之問題）採取「沉默的對峙」，則成為「中華」與「日本」間的衝突的主要契機。對此，朝鮮的情況，則是於七世紀後半新羅統一朝鮮半島之後，在整體對中關係經營上，上述的①～③都不曾再發生衝突。不過，由此產生的緊密「中華」與「周邊」（朝鮮）之關係，始終存在著「負擔」（成本）問題，也成為兩者間對峙的主要課題。

在此，還必須提到歷史上東亞秩序中另一個「周邊」，也就是越南（歷史上稱為交趾、大越，或是安南）與中國的關係，這也是探究國際秩序的「亞洲式性質」，相當有意思的一個層面。

從真實的「意圖」看中越關係

一般而言，越南在一〇世紀唐末趁著混亂完成獨立之前，約有一千年的時間，都直接受到中國（中華王朝）的統治，也就是隸屬於州郡或郡縣制，受到中國官吏的支配。在一〇世紀越南雖然明確獨立，不過只要一旦局勢有利於中國，「中華」對於已經徹底脫離中國統治、成為獨立國家的越南，便又會出現想要將越南「內地」化的渴望。

如同前述，明末清初的史學家王夫之（一六一九～九二年）在著作《讀通鑑論》中，取《書經》中的「宅南交」一語，論「則交阯（越南或紅河流域一帶）且為堯封」，在中國冊封越南為「安南國王」，明確成為「外國」已久的後世，也依舊提倡「萬古之前（越南之地）為中華之內屬地」，認為是應當受到直轄統治的區域。實際上，整個中國史都是不斷地反覆這樣的舉動並逐漸地表面化。再者，與朝鮮的情況不同，不只是於「名份論」的次元，在宋、元、明、清甚至之後，約九百年的歲月裡，中國王朝務實的對越觀及現實的對越政策，也是讓這樣的舉動反覆上演的重大因素。此外，更重要的事，現實中越南受到中國直接統治的西漢期（西元前二世紀末）到唐末獨立為止的一千年間，其實也是不斷地引發大叛亂，對中國而言，就如同樂浪期的朝鮮一般，絕非是符合「中華的封域」之穩定整合的地區。

其實，東亞歷史世界的國際秩序之所以發生大規模的混亂，總是因為「中華」勢力的歷史性強大化而引發的周期性波動。若以海浪做為比喻，就如同來來回回的波浪，反覆地拍打岸邊，波浪撞擊到岸上大大小小的岩石，就像是反覆的「歷史之浪」，波及到東亞全域。

然而，只要一一細看這些撞擊，便會發現強大化「中華」的擴張渴望所激起的「浪」，是伴隨著文明史上的一種周期性反覆出現，牽引出東亞全域的大變動。

實際上，東亞歷史秩序隨著周期性出現的「中華」強大化及其隨之高漲的對外擴張渴望，每過數世紀，便會有一次大規模的歷史性動盪與變化。「周邊」受到「中華」影響，動搖了根基的混亂時期，對於各周邊國家的影響，幾乎是波及全東亞的規模，此一歷史性的節奏以相當明瞭的形式浮現而出。即是，

①漢武帝時期（西元前一四一～前八七年）
②隋初至唐高宗時期（五八一～六八四年）
③元世祖・忽必烈時代（一二六〇～九四年）
④明成祖・永樂帝時代（一四〇二～二四年）
⑤清康熙、乾隆時期（一六六一～一七九五年）

實際上，「周邊」受到「中華的威脅」令東亞秩序陷入危機的，大多集中於上述幾個時

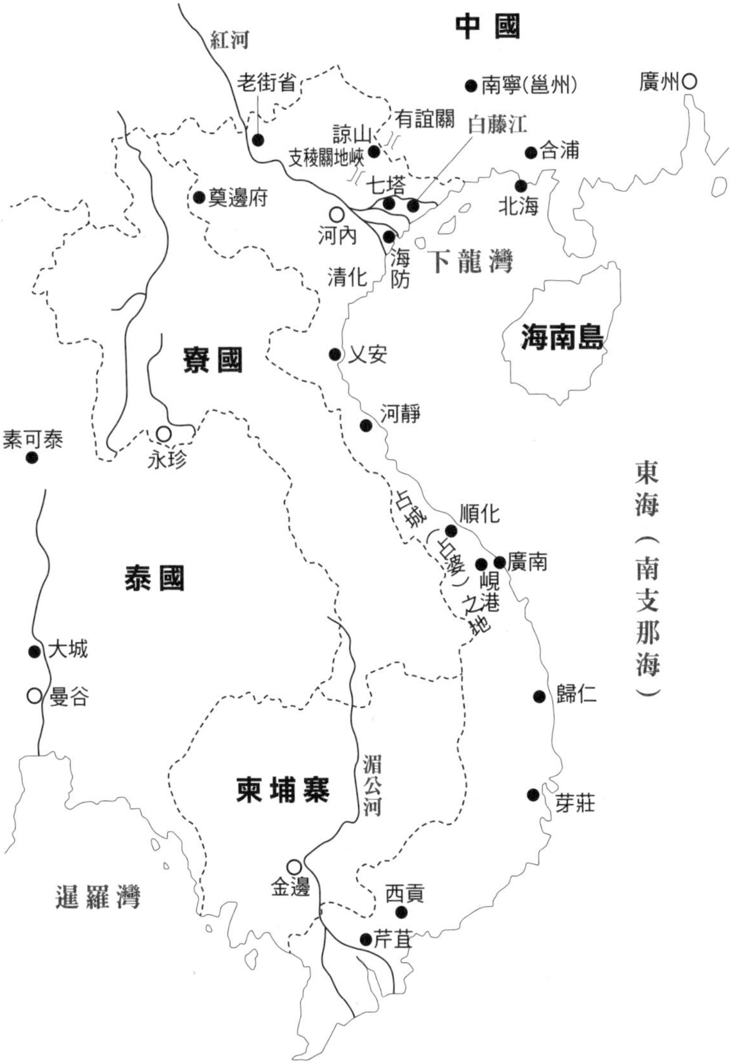
中國
紅河
老街省
南寧(邕州)
廣州
有誼關
諒山
白藤江
支稜關地峽
合浦
七塔
北海
莫邊府
河內
海防
下龍灣
清化
海南島
寮國
乂安
河靜
素可泰
永珍
東海（南支那海）
占城（占婆）之地
順化
廣南
峴港
泰國
大城
曼谷
歸仁
柬埔寨
湄公河
芽莊
金邊
西貢
暹羅灣
芹苴

期。

以越南的情況而論，傳統上的說法是自漢武帝征服、「南越」滅亡（西元前一一一年）起，中國便就起展開了越南的直接統治。也有人認為南越的趙佗政權是漢人首長之政權，也是中華文明的產物，不過這樣的見解引發了重大的問題。

史實顯示，從武帝征服南越，進行直接統治一直至今日的越南，漢字的普及及儒教的價值觀體系，皆是透過權力機構，以強制性的「文明移植」形式執行的。

然而，此一強烈的「強制性中華化」成為越南的民族記憶，反而讓越南對中國的態度與朝鮮大相徑庭，這也是影響了後世中越關係的決定性要素。也因此，在接下來長達一千年的中國統治時期，越南人也的確頻繁地發起反抗、叛亂，或許該說正是在不斷的叛亂之中，越南的民族（政治上為去中華的進程）反倒是以清晰的形式形成了。西元一世紀（四〇～四四年）由二位女性指揮的著名反中華叛亂「徵氏姐妹之亂」發生，並成功讓越南獲得了短期的「獨立」，其民族英雄傳奇也一直流傳到後世。

越南一連串的叛亂與獨立之舉動，也幫助了六世紀李賁與李佛子完成了暫時性的獨立，此時，越南已自稱「南帝」，萌生了與中華皇帝對等之意識。而鎮壓了這些叛亂，再次確立起中華統治局面的，是睽違數世紀終於再度成功統一大陸的隋王朝。之後，以世界帝國為目標的唐高宗則繼承了隋朝的越南統治，將越南（交趾）從兩廣（廣東、廣西）劃出，設置「安南都護府」。

以古代朝鮮史而論，朝鮮最大規模的「歷史危機」，是漢武帝滅了衛式朝鮮，並設置了樂浪郡等四郡，讓中華帝國直接統治朝鮮半島（西元前一〇八年）。接下來另一個劃時代的巨變，則是藉由唐高宗企圖統治半島之契機，讓新羅於七世紀殲滅了高麗與百濟，統一朝鮮半島。這一連串事件的導火線，是隋代的高麗遠征，此一舉動給予東亞秩序莫大的衝擊，讓日本自「倭之五王」以來，事隔一二〇年再度被迫派出使者前往中華、也促使聖德太子展開外交（派遣遣隋使）；而唐完成了隋失之交臂的高麗百濟征戰，佔領朝鮮半島，則又引發了「白村江戰役」，讓日本陷入了存亡危機。

劃分時代的「衰亡中華」

在前述①與②二段「擴張中華」時期中間，約西元三～四世紀時，夾有一跌落谷底的「衰亡中華」時期。當然在此「衰亡中華」時期，自然也是東亞全域歷史性「動亂的季節」。不過，中華的衰退期對於「周邊」而言，絕非代表「歷史危機」，反倒是東亞世界整體的「歷史躍動時期」。因為，此時「中華」與「周邊」的對峙大大的**弛緩**了。

三一三年漢設置的樂浪郡崩解，自此朝鮮史才可算是「真正的開始」了，這與大和政權的國家性整頓，以及與朝鮮半島交流加深，應該也是有所關連。

也因此，在接下來③的「擴張中華」時期，也就是元世祖時期來臨前，特別是一〇世紀唐末五代之「衰微中華」跌落谷底，也再度讓東亞的「周邊」進入了活躍期。此一時期北方草原、西域地等的遊牧民族紛紛興起，同時期唐的滅亡（九〇七年）也讓朝鮮半島自新羅至高麗，完成了王朝交替；日本則已經廢除了遣唐使，國風文化也進入百花齊放的時期。而越南則是脫離了中國一〇〇〇年來的統治，完成獨立。九三八年在白藤江大破中國軍（南漢），宣佈脫離「中華」獨立的吳權，接著越南也由丁部領建立了第一個統一王朝「大瞿越」，進入了嶄新的時代。

不過，時光再推進三〇〇年，「擴張中華」的陰影，又開始再度波及了東亞，不，應該說是波及了整座歐亞大陸。與統治中東地域的方式不同，元世祖忽必烈對於東亞各國，明顯地延襲了傳統的「中華」式方針。越南（陳朝）前後三次遭受到數十萬元朝大軍進攻蹂躪國土；日本也二度遭到有史以來莫大規模的外敵「元寇」侵略，之後數十年來也始終處於深怕「第三次的侵略」發生的緊張情緒中，也成為鎌倉幕府滅亡的主要原因之一。

實際上，在文永、弘安之役後，忽必烈的確也企圖進行第三次的大規模日本遠征，不過，就在他要發動第三次對日進攻時，越南發起了反蒙古統治的叛亂。一二八〇年代，越南二次分別遭受五〇萬名、三〇萬名的元大軍進攻，卻都成功擊退，這也讓日本免於遭受到第三次的元軍侵略。直到今日，越南人依然會對日本人闡述這段歷史。

自現在的河內到紅河三角洲、再向東一〇〇公里，便會抵達海防港，附近的下龍灣海域聳立著眾多奇岩，是著名的觀光勝地。而河口附近的「白藤江」，則是中越關係上，多次反覆爆發一決雌雄的地點。歷經了無數次「周邊」將「中華」之力反擊回去，可謂是象徵了東亞文明史中不斷出現的獨特模式之古戰場。

不論是西元九三八年，為越南獨立而發生的中越大戰役，還是一二八八年陳國峻率領的越南軍擊退了三〇萬人的元兵，戰場位置都是在「白藤江」。此外，九八一年，宋太宗企圖再度統治越南，又派了大軍進攻，此時越南的英雄黎桓俘虜了對方的總司令官侯仁寶，大獲全勝，也依然是在同個地點之「白藤江戰役」。距今二〇多年前（一九九三年），筆者（中西）曾造訪此地，看著如貝殼般優美的帆船航行於平穩的下龍灣上，內心不斷思考，在中越關係史一〇〇〇年中於「白藤江」反覆上演的歷史劇，其代表的重大意涵。

隔年（一九九四年），筆者離開了晨霧繚繞的河內市街，沿著國道一號一路北上，前往中越國境之城諒山。這是為了考察諒山郊外位於中越國境上的同登（Dong Dang）村，進行的國境貿易之實貌調查。這是在冷戰結束後，為了讓中越間「緊張緩和」而開啟的象徵性國境貿易。然而在自河內向中國國境方向行駛約一〇〇公里處，道路兩側被石灰岩的岩山包圍，越過車窗，看到了令人屏息的景象。在農田的正中央，一座、又一座，出現了無數個水泥製成的建築物，停下車，在泥地裡來回察看，果然與我的預感一致，這些建築物是「現在已經沒有在使用」的古老碉堡。當然，每一座碉堡的射擊孔，都是向著北方。是的，這並不是越戰的「遺蹟」。一九七九年的中越戰爭，數十萬的越南軍士兵在此緊張地部署，準備擊退即將進攻而來的鄧小平人民解放軍，這裡是「最新的古戰場」。實際上，這裡也是經歷一〇〇〇年以上中越軍事抗爭的另一個焦點古戰場（同時也是新戰場）．支稜關。只要擊破此地，便沒有其他障礙物，可直趨河內，對越南而言是確確實實的「最後的要衝」。

歷史上，中國進攻越南總是遵循三條路線。其一是從海上，自海南島以西，沿合浦、北海南下，直至紅河三角洲河口的水軍路線，其中河口之一便是「白藤江」。其二，是自雲南通過老街省向東南直指河內的路線。第三條，則是自廣西省南寧（古稱邕州）向西南在友誼關（古稱鎮南關）越過國境，穿過諒山市街、突破此一支稜關攻向河內。一二八五年，忽必烈派出五〇萬元軍第二次向越南進攻，在紅河三角洲遭到游擊戰攻擊而打算徹退回北方，卻在「支稜關」大大受挫，最後只剩下不到一半的軍隊敗走。數字上也許有些誇大，不過有五萬的元軍遭到俘虜，元的遠征軍總管（司令官）張顯向越軍降伏、投降則是不爭的事實。由此可知，此一「支稜關戰役」，也是東亞規模的「周邊」擊退「中華」，展現了文明史模式的歷史性勝利（也因此，如同前述日本免於「元寇」第三次的攻擊，也讓此一戰役具有重大意義）。

接著，一二〇年後，進入了第四次的中華帝國擴張時期，也就是前述的④明永樂帝，成功地完成越南遠征（一四〇六年），接下來的二〇年中國直接統治越南，睽違五世紀再度轉換了中越關係史。不過第二十一年後，在越南民族英雄黎利的領導下，越南用盡全力發起解放戰爭，成為中越間雌雄對決、決一死戰的大戰役，而戰場依然是在「支稜關」。同年九月，為了鎮壓越南頑強的抗明運動，永樂帝增派了十五萬援軍，可謂是「越南的原野盡被明旗所覆蓋」。然而在黎利的指揮下，越南軍潛伏於「支稜關」進行游擊戰，並以大規模的追擊戰，成功殲滅了明大軍，討伐了包括明將柳昇在內的五萬士兵，並俘虜了三萬人。

又過了三個世紀，來到了第五次的中華擴張周期（前述⑤），清乾隆帝派兩廣總督孫士毅率二〇萬大軍自鎮南關經「支稜關」，佔領了河內（當時稱為昇龍）。對此，以越南中部為據點的西山黨領導者阮惠自稱「越南皇帝（光中帝）」，宣佈誓言擊退清軍，內容如下：

「我國歷史上，先有徵氏姐妹與漢作戰，後有李常傑擊退宋、陳興道（陳國峻）擊敗元，黎利也戰勝了明。我們的英雄決不容許北方的侵略者接近，而與民眾一同為正義而戰，總是成功擊退了侵略者。如今，清忘記了宋、元、明是遭受到了怎樣的後果，再度侵略我國。我們必定會再度擊退他們」。

於是，阮惠於一七八九年的「棟多戰役」戰勝清軍，解放了河內。實際上，不論是「白藤江」、「支稜關」還是「棟多」，都是一千年來越南抗中華的歷史象徵地名，可以見到「中華」與「周邊」對峙的東亞文明史上之一大契機。如此毅然對抗大國侵略的越南，也在這樣歷史中建立起「國家的形式」，即便在二〇世紀，也依然一一擊退了法國、美國，以及鄧小平的中國（一九七九年的中越戰爭），「英雄式的越南」形象令人印象深刻。

不過若僅只於強調軍事面的強者，以「英雄式抵抗的民族史」理解越南，那將會誤解了中越間「對峙」的本質，也會失去我們所關注的以「亞洲式粉飾」看待中華國際秩序的視角。

「戰略」與「文明」因素的共存

的確，若以越南頑強抵抗中國的歷史，以及不時抵擋住中國軍力的傳統上軍事力量來看，中越關係似乎與北方草原的遊牧民（北狄）與「中華」的關係相似，是只以兵力、戰略性關係為核心的「枯燥單調」的關係。實際上，古代自西漢代的匈奴開始，到北魏、契丹（遼）等「北狄」與「中華」的關係，如同後述，總是明確地以軍事政治上的權力關係與經濟利益等廣義的戰略性因素（國家的對外戰略，即本書中說的「國際理論」）為優先，中華秩序上的「權威」問題或是文化模型等對於中華文明之依存等契機（即「文明理論」）則總是處於從屬的地位。而從北方草原的遊牧民族看來，除了少數的例外，這些文化因素，多半是為了因應以軍事性權力關係為主的對中華戰略關係之狀況，必要時可以佯裝出尊重中華文明或其文化規範、並信服的模樣（粉飾），實際上卻只是圖以便宜行事而已。

這樣的關係，其實比起越南，更適用於越南以南的占城（如前述，唐代以前稱為林邑）、真臘（柬埔寨）、暹羅、爪哇等「西洋」諸國（依中國傳統分類，東南亞以西的海洋地域皆稱為「西洋」），也就是東南亞及南亞等非中華文明圈之諸國（南蠻，也就是占城以西的印度文化勢力）。不過，「南蠻」與「中華」的關係，與「北狄」相異之處在於，比起軍事性因素，經濟貿易上的因素遠遠地更為重要。不過依照視角的不同，不論對「南蠻」還是「北狄」而言，軍事力與經濟力二項因素，以整體看來都被劃歸為一體，也就是單純的「戰略」性因素，也這可以看作是將與中華的關係視為主軸的「周邊」的概括對應模式。

不過，越南、朝鮮、琉球與日本等地與「中華」的關係，雖然各自的比重略有不同，但其戰略性因素（本書稱為「國際理論」）與文明性因素（「文明理論」）的交疊，與「北狄」、「西洋」或是「南蠻」不同，總是以內在層面的形式混合於其中。也因此，越南、朝鮮、日本、琉球等東亞圈內的勢力，與中華的關係呈現出更為複雜的「對峙」。重要的是，東亞圈中「中華」與「周邊」的關係裡，戰略性因素與文明性因素的連結方式，日、越、朝彼此之前各自有些許不同的象限，卻同時又與「北狄」、「南蠻」等模式具有明顯的相異，在獨特的東亞性範疇中，則依然享有巨大的共通性。

自費正清（J. K. Fairbank）的「中華世界秩序」論開始，最近日本的學界都將關注集中在「朝貢貿易」等論點上，將歷史性中國與周邊諸國的關係，視為一扁平的面向，僅強調「中華」的文明規範、或是經濟貿易體系等層面，以前述的問題意識來看，著實令人感到遺憾。過去國際政治學者豬口孝曾指出，從十八世紀的中越關係實証研究到費正清流派的中華國際秩序，都過於強調被視為主要本質的文化性、規範性要素，並批判了費正清的中越關係論。豬口孝的見解主要如下：

「（依費正清所述）中國處置越南的主要手段是『文化性兼意識型態性』的，並且『短時間或次要重點才是軍事性』，然而事實卻是完全相反，中國．越南兩國間的權力關係，特別是軍事上的權力關係，以及各國內的政治勢力之權力關係，便是決定中國．越南關係的最主要因素」（豬口孝「傳統東亞世界秩序試論——以一八世紀末之中國的越南干涉為中心」《國際法外交雜誌》第七三卷五號／一九七五年）。

的確，中越關係上軍事因素的重要性誠如豬口所述，特別是上述豬口論文著眼的十八世紀末（西山黨時代）時期更是如此。以一〇世紀越南獨立以來的重大展望來看，其論述也是相當合情合理。在這一點上，專攻東南亞史的歷史學家了山本達郎，則以更加專業的立場提出了更寬廣的視角：

「在中國國力充沛的時代，以整體局勢來看傾向對越南施壓；另一方面，越南的國力則因為王朝交替或動亂時期而衰退，雙方的條件重疊，造就了中國能夠較輕易出兵越南、跨越國境的情勢。宋太宗（中西註／以下同：於九七九～八一年進攻越南）、明成祖永樂帝（一四〇七～二七年）、清高宗．乾隆帝（一七八八～八九）的出兵，都是剛好處於這二項條件並存的時期，而宋神宗（一〇七六～七七年）、元世祖（一二八三～八八年）的出兵則是僅具有前者的條件；明世宗嘉靖帝的（國境）出兵，（一五四〇～四一年）則是僅有後者的條件」（山本達郎編《越南．中國關係史》／山川出版社／一九七五年／六二七頁）。

實際上，越南與中國的關係，其根本的規範因素便是廣義的軍事性「權力關係」，這是沒有疑問的，在這一點，比起朝鮮、琉球或日本與中國的關係，戰略性比重更高一等。不過，在此必須注意的是，單方面地強調軍事政治上權力關係的重要性，並論述與其他歷史世界（比如說近代歐洲、伊斯蘭世界等）的國際關係之共通性、普遍性是不夠的。像是在近代歐洲常見的事例，當軍事性權力關係之重要性特別突出時，傾向從事狹義的戰略性行動，也就是同盟、外交交涉、恆久性的情報操作收集等，以「謀求勢力均衡」，為什麼在中越關係上卻不曾出現，這樣的問題設定，也是相當重要的。

的確，在一四七一年黎朝的聖宗自滅了越南的占城前，中越發生軍事性、戰略性的對決時，也是不時各自拉隴占城、真臘等地。此外，唐末．五代十國（梁與南漢之分立）期、元（蒙古）與南宋的分立期等，在越南看來「中華」分裂成複雜勢力時，越南也進行了顯著的「戰略外交」行動。不過，卻都是基於「國際理論」，被名份論的「正統中華」意識制約並扭曲了越南的戰略行動。像是五代時期，越南視梁為中原勢力而前往朝貢，卻反倒引來了南漢的強烈反彈，進而遭受攻擊；又或是拒絕接受明顯強勢的元，而支持即將滅亡的南宋，也是一例。

實際上，十七世紀明末清初時期，強勢的滿族（清）崛起，對於已擁有穩定「中華正統」意識，包括日本在內的東亞諸國看來，是「夷狄」出現，亦或「華夷變態」的局面，也大大動搖了「戰略」與「文明規範」的連結中東亞諸國對中華之態度與國際秩序觀。一七世紀中葉，面臨自滿洲南下的強勢清朝勢力危機的李氏朝鮮，便是相當典型的例子。

一六四〇年，李氏朝鮮王朝的司諫（負責向王諫言之官職，屬三品）趙絅，是朝鮮的「正統派」官僚，著重傳統的對華事大主義與名份論，他曾諫言如下：

「朝鮮視日本為不可輕信之國，這一點清國亦同，兩方都是迫於不得已而與之交流。若派遣使者前往日本，告訴日本實情，（朝鮮）受困於清國（的壓迫），相信日本能夠立即表示理解，但若只是要求日本聲援，日本兵是不會率先與清國開戰的。（然而）清朝不斷地（向朝鮮）詢問日本之事，則是因為他們忌憚日本。因此若是私下說服日本，請日本向清國送出書信，斥責清國侵略（與日本具有）鄰交（關係）之朝鮮，清國便會了解朝鮮與日本擁有密切的關係，不敢輕易出兵。這便是在下（讓日本與清對立並互相牽制）的謀略」（三宅英利《近世亞洲的日本與朝鮮半島》／朝日新聞社／一九九三年／七八頁（括號內為中西的註記））。

在豐臣秀吉出兵朝鮮不過四〇餘年之後，從最忠實履行中華名份論的朝鮮儒教官僚口中說出諫言，戲劇化地表現出中華國際秩序之「戰略」與「文明」關係的核心部份。

當時，處於內亂期的越南諸勢力，則是聚精會神地以「戰略性」注視著明、清之間，看是誰能取得大陸的統治權。而即便是已經進入「鎖國」時期的日本，德川幕府的三代將軍家光甚至寧願放下「鎖國」之國策，將台灣視為具有重要戰略性之地，考慮在明、清兩大勢力分裂之時，選擇以軍事介入中華局勢（可參閱托比・前引書／第四章）。

7章

中越之亞洲式和平結構

如前章所述，近代以前的中越關係，不時反覆上演軍事對決，在東亞是相當例外的關係。而中國對越南發起的軍事遠征，也多受挫於越南的民族性抗爭。其結果便是顯著的越南軍事勝利記錄及其民族意識，便在歷史中不斷累積。

不過，本書的重點在於探究「亞洲式」國際關係之特質，必須將更著重於軍事性對決之後，中越雙方反覆呈現在外交上事後處理模式。為了說明此點，將舉出幾個代表性的歷史事例具體說明，闡明「中華國際秩序」之歷史實貌的一角，同時獲得探討國際秩序中「亞洲式」特質的重要手段。

在前章也有約略提到，西元一七八九年一月，在清軍進攻越南（安南）、佔領河內後，自稱「越南皇帝（光中帝）」的阮惠徹底地擊敗清軍，也就是越南史上著名的「棟多戰役」。然而，在光彩地戰勝清朝乾隆帝派來的中華勢力之後，自稱「皇帝」的勝者・阮惠率先執行的，卻是立即向清朝「降伏」，針對自身「對中華的反逆」而「致歉」。

阮惠（阮文惠）與兄弟阮文岳、阮文呂原是一七七〇年代，以越南中部為中心的叛亂集團「西山黨」的領導人，之後發起著名的「西山黨叛亂」，起兵推翻了已有名無實的黎朝政權，在一七八八年實質統治了越南全域。遭到流放的黎朝王族逃至中國廣西，向清朝求救，也開啟了乾隆晚年的一大挫敗──清朝的越南遠征。

於此，兩廣總督孫士毅提出的主張，可以看出「中華」對越南特有的「戰略性思考」。孫士毅認為，黎朝即便已有名無實，卻依舊是接受中華天朝冊封並承認的越南正統王朝，為了救援黎朝而出兵，完全符合大義名份之立場，同時又可以睽違數百年將越南（安南）之地收入中國版圖，可謂是「一石二鳥」的好機會。據《大南列傳》（阮惠傳）、《（大越史記）全書續篇》等越南的史料記載，乾隆採用了此一「一石二鳥」策略，命孫士毅率二〇萬大軍遠征越南。

另一方面，中國的史料（《安南紀略》等）記載，乾隆在遠征失敗後，曾表示：「孫士毅當初稟報安南內訌之事時，建言應趁此機會平定安南，並將其土地納下（至清朝的統治）。余（乾隆）則指示，黎氏是多年來恭順的藩國，中國也已經擁有前所未有的廣大領土，實在沒有必要趁人之危再去略奪他人土地，應以鞏固黎氏基盤為主要目的」（鈴木中正「黎朝後期與清之關係」山本編．前引書／第七章／四四〇頁為主．括號內為中西加註）。不過鈴木中正卻評論，孫士毅提倡「露骨的侵略主義」是無庸置疑的，不過乾隆是否真的否定了孫的提議，而指示遠征越南的目標僅只於為了幫助黎朝重建，則是令人存疑（前引書／四四〇～四四二頁）。

不過，至少乾隆並非在一開始就企圖以擴張式侵略進攻越南，這點是相當明確的。加上清廷對於越南的狀況，只擁有不確切的情報，當初並沒有打算出兵，而只是增加國境的兵力，對越南的「叛徒」施壓以幫助黎朝坐回正統王朝的寶座。然而，漸漸地，了解到亡命前來的黎朝王位繼承者之「無能」，加上來自越南國內強而有力的內應情報，才讓中華思想特有的政策目標——機會主義式的漸進擴張理念慢慢膨脹，傾向侵略性的方針，讓清朝政策改為實際出兵至越南，並企圖實質統治。

進入一七八八年（乾隆五三年）一〇月，周圍巧言進諫，稱阮惠勢力已不具威脅，可以輕易打倒，乾隆於是開始準備遠征，打算一口氣進攻河內。同時，北京清廷也同時要求暹羅出兵協助，並聲稱成功後將把越南中南部劃分給暹羅，事先針對戰後越南領土的處置進行了討論。

從「庸懲論」到「合併論」

於此，雖然以中華國際秩序觀的大義名份論立場出發，其中的「狀況理論」卻逐漸從庸懲論激化走向合併論，展現出「中國的」典型的行動模式。這裡「中國的」，指的是就因為越南在過往（七〇〇年前）曾經是中國的一部份，因此只要一旦情勢變化，中國特有的習性，認為合併統治越南依然是符合名份之事這樣的思考模式、理論模式就會立即浮現。

同年十一月，清軍越過富良江佔領了河內，讓黎朝的亡命君主黎維祁重回王位，並加以冊封，賜予「安南國王」之封號。乾隆此時還再三猶豫，考慮是否該持續南進，佔領阮惠的根據地廣南（越南中部）。不過，到了隔年一月，打著「擊滅清軍」口號的阮惠率領一〇萬士兵及數百頭戰象的越軍（西山軍）突然北上，一口氣殲滅了清軍（棟多戰役）。清軍在此戰中損失了近一萬名士兵，遠征軍總指揮官提督許世亨旗下的多名將領也戰死沙場，在越南遠征上受到了重大的挫折。

接到吃了大敗戰的消息後，乾隆立刻提筆，闡述此一遠征的動機本來就頗有疑慮，並對照康熙的遺訓，從道義層面做了反省，並表示越南之地就地理、歷史等廣義的戰略性立場來看，本來就不是中國該介入的國家。在此，乾隆似乎是全面性地放棄了中國的大義名份，而專從戰略性、地緣政治事實之角度來評論這趟遠征的合宜性。意即，中亞的準噶爾回部（包含今新疆維吾爾自治區之地域）、大小金川等中國西部邊境地帶，還算適合滿洲騎兵行動，然而越南為低濕地，多「瘴癘之氣」，不利於軍事行動，若真的要納入中國領土，將需要動員眾多的佔領軍隊。再加上以往中華王朝曾嘗試將越南內地化（郡縣化），卻由於「民情不穩」而失敗，因此，清廷的代表乾隆皇帝作出了結論，認為越南是不值得納入中國統治之下的土地（《清實錄．乾隆》及《安南紀略》）。

乾隆在面對這歷史性的失敗及衝擊時所作的回應，還是帶有專制君主在談論自身失敗、挫折時常見的「事後合理化」之態度。不過更重要的是，這裡赤裸裸地呈現出中華對外行動上，道義（名份）與戰略（重視地緣政治性因素之「不征論」等強權政治）在本質上是未劃分的。

另一方面，擊敗「中國」取得歷史性勝利的阮惠，卻因為與佔據越南南部歸仁，同為西山黨的兄長阮岳對立，而必須盡早穩定與清朝的關係，突然轉變態度，向中國提出「謝罪」

與「降伏」，進入媾和。不過在接下來講和的過程中，便會發現阮惠所謂的「謝罪」與「降伏」皆是虛構的，內心依然確信自己獲得前所未有的大勝利，完全不認為「謝罪」、「降伏」之承諾、程序需要配合任何的實質作為。然而，越南依然清楚理解，作為一外交上的手續＝儀式，這樣的行動在形式上是不可或缺的。此外，如同前一章所述，「周邊」越南與「中華」的關係，雖然在華夷秩序的地位及權威上沒有衝突，不過其背後的「真意」卻總是與表象具有極大的差異，這樣的表裡不一正是兩者關係的本質。也就是說，阮惠一面在國內自稱皇帝，一面又在形式上對清朝做出臣服的表面態度，並且對於這樣的差異絲毫不以為意。這也正顯露了「亞洲式性質」的一角。

不過，在這般明白的名份操作之外，煩擾的「妥協的儀式」也是必經之手續。清廷雖然已經決定撤退，卻遲遲不實行撤退舉動，反而是做出可能再度進行遠征的姿態，作為威嚇。面對這樣的清軍，越南則是進行了大規模的情報收集、組織，開始在各地大肆宣傳越南將會持續追擊清軍直到中國國境的諒山一帶，並進入廣西各地進行大屠殺。因此，引發了廣西各地的恐慌、混亂，清廷了解到必須立即降低條件、儘早恢復雙方和平，於是乾隆指派了討伐台灣叛亂有功的新兩廣總督福康安前往進行交涉。福康安首先勸誘越南提出「降伏」之意願，看到清廷軟化的態度，阮惠判斷構和已經不是問題，便離開河內，撤回南部的據點順化。負責交涉的清廷使節福康安則贈送了眾多的金銀珠寶給越南，促進談和，希望越南能撰寫「謝罪」文書上表清帝，並配合這一連串的媾和程序，逐漸向越南透露清朝內部計畫的

「降伏條件」。

依照此一劇本，越南撰寫了「作文」，「上奏」至北京，收到後乾隆立即向越南發表了「諭」文，表明只要越南建造祠堂弔祭戰死的清軍指揮官，隔年阮惠再親自前來覲見北京朝廷並致歉，便封阮為「安南國王」。同時也向阮惠保證，絕不會在他離開時再度擁立黎氏等陰謀。處於清帝國威勢頂點的中國皇帝乾隆提出了如此極度「寬大」的提議，其實這就是中國乞和的示弱姿態。不過，換另一個角度來想，這也是面對軍事大敗的事實後體認到對越南政策必須有所轉換，中國所做出的合理選擇。而阮惠在聽聞乾隆的提議後，當然是立刻撰寫了「謝罪」文書，並於隔年親赴北京覲見清廷。

於是，乾隆為了進行賜封王號予阮惠，派遣了清使道成林前往河內授予冊印，然而，將清朝的「寬大」視為「示弱」的阮惠，則找了藉口要求清使從河內前往自己根據地順化相見。道成林則強調這違反了中華的「禮」之慣例，堅持一定要在河內進行冊印授予。阮惠知悉後則是不斷拖延遲遲不前往河內，最後派了自己的甥兒假冒阮惠本人前往受封，並自順化送上「謝罪」的貢品。就這樣，這一齣「亞洲式謝罪」的儀式與中越間「模糊．粉飾」的講和手續，終於告一段落。換言之，在「降伏」、「謝罪」等依循中國「禮」的觀念的國際秩序觀之形式上的共有儀式背後，其實是極其忠實地呈現了各個時間點上政治力學的實際狀況，而這場虛構的儀式運行，其實也是明顯的「權力測試」，是一場挑戰底線的權力遊戲。在此，我們再度看到了稱為「中華國際秩序」的本質與核心特質。

然而，這場媾和程序，還留有一個龐大的難題。乾隆的「諭文」中提出的「降伏條件」之一，是阮惠需親赴北京覲見清廷，再次表達歉意，針對此點卻引來了諸多問題。阮惠打從一開始就沒有打算要前往北京，最後負責交涉的清使福康安則提出了折衷案，表示「不得已，也可以找容貌相似之人冒充前往」（鈴木・前引論文／四四七頁之後）。根據越南的史料，包括之前的謝罪文，以及「冒牌貨」的「粉飾之勸導」，都是在福康安的引導及「私下指導」之下進行的，不過想當然爾，這些內容在清朝的史料中隻字未提，倒是記述了得知阮惠「希望親自上京」的乾隆帝，聞訊後「宛如飛天般的喜悅」。這便是前近代東亞不斷反覆出現的典型模式，也是外交的核心——由負責交涉的使節在半默認的情況下進行「擅自」的「粉飾」，以形成秩序。同時，「粉飾」的架構與實貌，多忠實地反映出當時政治、軍事上的權力關係。從客觀的國家利益層面來看，粉飾性的「解決」之策，也是對雙方而言都最合理的妥協點。

「世紀黑暗交易」與「稀有的喜劇主角」

鈴木中正把中越之間的交涉稱之為「世紀黑暗交易」，阮與福的交涉則是「世間稀有的詐欺師相遇」，而直接受到影響的乾隆則是「稀有的喜劇主角」，就結論而言，除了助長了越南對中華的輕蔑感之外，並沒有其他具體的損失（鈴木・前引論文／四五三頁）。

不過，需要特別強調的是這一場「黑暗交易」，去除與西北方遊牧民族的關係，這是「中華」與東亞「周邊」勢力間本質上的行為模式，並不是什麼特例。換言之，這才是奠基於東亞文明特質的國際秩序本質。針對此點，鈴木以下的論點相當地重要：「眾所周知，（以中華來看）外夷入貢代表的是他們（對中華）表現『畏威』與『懷德』。『德』治原本就具有否定武力主義的涵意，『畏威』與『懷德』本身便是互相矛盾，然而在中越之間，兩者卻是輕易地連結在一起，我以『畏威』來表現這樣的關係」（鈴木・前引論文／四五五頁）。這也如同前述，中華秩序中道德與權力二種契機，在本質上依然是未劃分地混同在一起，並各自以「禮」之概念巧妙地模糊、粉飾。

此外，至於「宛如飛天般的喜悅」的乾隆，是否察覺到了這場「世紀黑暗交易」，似乎就不是那麼地重要了。戰役中雖然大敗於安南，但戰勝的安南君主卻親自前往中華朝廷覲見，可以說是清朝首次完成了宋、元、明以來不斷要求越南卻都無法達成的「德化」目標，足以誇耀天下。加上此時山東白蓮教之亂、甘肅回民叛亂等國內狀況不斷，對於自負開創盛世的乾隆而言，越南君主的覲見更是具有極為重大的意義。而阮惠的「冒牌貨」范公治前往北京的路線，則是刻意避開簡單快速的水路，改走縱貫中國大陸的陸路，每日需花費的四千兩經費，也都是由清廷支付。安南使節如此大費周章的安排，便是為了向中國人民強調乾隆的「盛世之威」。

由此可知，中華國際秩序的主要契機之一，中國對於國內政策的優先程度，是需要更加予以強調的重點。不過，這場「世紀黑暗交易」，除了讓和坤等乾隆晚期的腐敗官僚抓到中飽私囊的絕佳機會，利用「鬧劇般的上京路線」向沿途的農民暴斂橫徵之外，也許確實是沒有什麼其他具體的損害。然而，在此也能清楚看到，以「禮」來模糊粉飾，打造「和平」秩序這樣的方法，一直都是孕育「腐敗」的溫床，這也是亞洲型秩序的本質之一。

此外，還有一點嚴重的「鬧劇成本」也是不能不提及。那便是越南開誠佈公「冒牌貨」一事，不只是在國內，還傳到了遙遠的歐洲各國（Charles B.Maybon, Histoire moderne du Pays d. Annam, pp.300-301、鈴木．前引論文／四七八頁）。這也成為西洋諸國感受到中國衰退的第一徵兆。著名的英國使節馬戛爾尼（George Macartney）成為第一個以強硬的態度要求乾隆會面的西方使節，並公開地要求中國承認彼此對等的關係，正是在中越事件發生的四年後。

越南的強烈對等意識

如同前述，明永樂帝於十五世紀初突然以大軍壓境，持續佔領越南達二〇餘年，並導入郡縣制度，企圖讓越南全面內地化。不過在其後一四二七年的「支稜戰役」上，黎朝的創始者黎利殲滅了十數萬的明軍，恢復了越南的獨立。而之後中越修復關係的過程，與前一章節清乾隆與西山阮惠進行的中越「各懷鬼胎」，呈現出相當有意思的相似度。

一四二八年，擊退明軍，睽違二十餘年終於將中華勢力成功趕出越南的黎利，命令重臣，也是著名的詩人、儒學者阮薦起草撰寫「告國民擊破明軍書」（《平吳大誥》），其中的內容可以看出越南對「中華」具有強烈的對等意識及明確的自我認同，節錄如下：

惟我大越之國，實為文獻之邦
山川之封域既殊，南北之風俗亦異
自趙丁李陳之肇造我國，與漢唐宋元而各帝一方
雖疆弱時有不同，而豪傑世未嘗乏

阮薦的這首詩，再次證實對中國的對等觀念已經內化為越南人傳統的概念。在此三五〇年前，宋神宗派兵侵略越南爆發「富良江戰役」（一〇七六年三月）時，越南李氏王朝將軍李常傑在面對中國軍時，歌詠了對抗「中華」的越南氣概，是早期明確表達對中華對等意識的指標，也成為後世的原型：

南國山河南帝居
截然定分在天書

如何逆虜來侵犯
汝等行看取敗虛

然而，即便抱持著如此強烈的對等意識，阮薦也好、李常傑也罷，在對中國取得歷史性的大勝仗後，依然立即努力恢復與中國的和平關係，必要時更派遣「謝罪」的朝貢使前往中國。前述黎利在一四二七年「支稜戰役」中殲滅明軍後，對於殘敗的明將王通及受困在河內城的明兵採取了令人驚訝的寬大處置，對以水路撤退回中國的士兵提供五〇〇艘船隻，以陸路回國的士兵，則是幫忙修復沿途道路、橋樑，並提供路程上的食糧，無微不至地照顧剩下的八萬六千名明兵返回中國。長年來受到中國的壓迫，越南將領中也有人主張持續追剿剩下的明軍，趕盡殺絕，但黎利及阮薦都嚴厲地阻止了這樣的意見。

在永樂帝後即位（正確來說中間隔了仁宗一代）的明宣宗（年號宣德），雖然感受到轉換先帝大中華擴張路線的必要性，對於此次受到曾經「內地化」的越南驚人之反攻而嚐下敗果，該如何接受喪失「中華領土」的事實，還是令宣德帝苦惱不已。中華帝國的矜持，所謂「天朝的面子」讓他承受了莫大的困境。實際上明廷也有人主張「黎利罪無可赦」，認為應該再次征討（比如《明實錄・宣德三年閏四月二七日條》），不過此時已經傾向中斷鄭和大航海的宣德帝，著重現實主義的「國家大戰略」觀點，並沒有聽信僅關注「中華」面子問題的廷臣之名份論。

另一方面，越南的黎利也相當慎重地進行媾和的手續，先是冊立了之前受到中國冊封的陳王朝在名義上的繼承者陳囊，並再次寄送奏文請求中國皇帝承認。宣德帝聞訊後立即寫下詔書，原諒黎利「對明攻擊之罪」，確立陳王朝，並命令「送還」滯留於越南的明兵。然而，看到明朝積極講和的態度——也就是明朝示弱的表現，黎利不顧自己提出的冊立一事，偷偷暗殺了妨礙王朝創立的陳囊，並向明廷宣告其「病死」，藉此來試探明的心思。而明朝也的態度也轉向強硬，比起盡快達成講和，反而又走回以名份論追究越南並施壓，明明是戰敗的一方卻反而企圖轉換戰略，確立道義上、政治上的權威。

宣德帝寫了敕諭給黎利，威嚇：「（在明廷）文武百官都上奏認為汝之罪無可赦」，並積極地試探陳王朝的繼承者是否依然健在，同時又再次命令黎利盡速送還滯留的明兵與兵器。越南回覆正在持續調查殘留兵的狀況，同時持續對明施壓，主動表示：「陳氏後代已絕，因此如今國人都擁戴黎利為安南國王，請明廷認可」。明廷的反應表露出了明顯的不信任感，同時再三地要求黎利持續尋找陳氏的繼承者，並盡快送還明兵與兵器。然而越南總是在表面上以「恭順」的態度、用語回覆，卻一再果決地拒絕明的要求。這一連串的中越交涉，充斥著對彼此的不信任，以及「陽奉陰違」的精彩過招。

在「強烈的不信任」之下，中越交涉的外觀與樣式，依然忠實地遵循華夷秩序的框架，而內情卻是虛實交錯。不過明的敕書中一節，可以看出越南恭順卻又執著地再三施壓，迫使明廷承認新王朝的**壓力**略勝一籌。也表現出越南在軍事力上的優勢以及明朝再次遠征意願的薄弱，這也讓越南更加擁有堅持己見的籌碼。看到黎利強硬卻又巧妙的奏文，宣德帝表示：「蠻夷多行譎詐」，然而對於陳氏無繼承人一事，則採取「朕不予處置」之態度，開始讓步，最後對於兵器的返還，也不再過問了。

接著明朝宣稱「兵器是為了保守人民而存在，安南之民亦是朕之赤子，留在彼地與在此地並無不同」，用立足於模糊與粉飾的「天下思想」為依據強詞奪理，為自己的讓步解套。眼看明已讓步，黎利立即在一四三一年元月，一股作氣從正面突破，派遣了遣明使正式要求冊封。

與其把對越關係的不穩定狀態擱著不顧，明朝認為就算只剩下形式化的空殼，姑且保有名份論的門面謁見使節，成全實際上帶有莫大屈辱的和平，還是較為有利的做法。不過，依然不願全面讓步的明廷，對越南保持著強烈的不信任感，認為有必要宣示自己依然是秩序的主宰者，決定不冊封黎利為「安南國王」，而僅冊封他為帶有臨時執政者意涵的「權署安南國事」。

無論如何，此刻，中越的國交睽違三十餘年，終於又回到彼此充滿強烈不信任感的「一般秩序」了。

在此，還有一個相當有意思的後話，依據越南的史料《大越史記全書》，在國交成立後，派遣至北京的越南「謝恩使」立即向宣德帝要求免除越南的歲貢金。也就是說，明朝帶有些許懲罰涵意，以增加五萬兩的貢金作為交換條件，同意冊封黎利、講和。然而在明朝一旦正式完成冊封後，原本已答應條件的越南立即要求免除貢金，其後在明朝沒有正面回覆之下，就這樣成為既成事實，越南擅自免除了貢金。

就這樣，中越間維持著「不信任的朝貢冊封關係」，赤裸地顯露出「中華」與「周邊」根深蒂固的對峙結構，並在這樣的結構下完成了「國交正常化」。以兵力擊退中華勢力後，越南總是立即講和，提出徒具形式的「臣屬」姿態，中越間以「不信任」為基調的對峙關係，可是說是普遍性的特質，在中越關係史上的任何時代，都能看到這般兩國間的「關係的形式」。

朝貢系統的「和平特質」

往前回溯數百年，再次回到宋朝，此時剛獨立不久的越南（大瞿越）向宋太祖朝貢，受封為「交趾郡王」。到了九七九年，大瞿越君王丁部領遭殺害，國政陷入混亂，宋的知邕州（廣西南寧）侯仁寶於是上奏宋廷，諫言越南（交州）君王被殺陷入混亂，現在正是集結兵力進攻的好時機，說服宋太宗進行遠征。

依越南的史料記載，九八〇年八月，宋向越發出詔文，警告：「交州遠在天邊，實為五服之外，若以身體比喻，不過是手足之一指。不過即便僅為一指，只要患上疾病，聖人也依然不會忘記。汝立即修正愚昧，聽於我命，從、亦不從？……汝聽命，將不招罪，不從，我則絕不饒恕，不聽命，便討伐。從與不從、是吉是凶，取之於汝」（山本編．前引書／一七～一八頁）。「中華」面對自己已經冊封的「周邊」國，因為對方國內的動亂而強制性的重新訂立從屬關係，若對方不從則施以軍事制裁，以自身道德的優越性為大前提，進行極其高壓的手段。

今日，日本的一部份研究者傾向「朝貢系統的和平特質」論述。這主要是與西歐式的國際秩序（略為簡化，定義為「威斯特發利亞型」，意指以對等、國際性無政治狀態為本質的「主權國家體系」）相比，而傾向強調「亞洲式國際秩序之和平本質」的議論。此外，此一「朝貢系統」論過於強調近世東亞的貿易層面交涉，可以看出論者心中十分憧憬符合東亞的「二十一世紀型」之「後主權國家秩序」，希望能藉此找出「二十一世紀亞洲和平構想」的模型，不過，若以歷史研究的立場來看，這樣的論調宛如是略為粗糙的「**樂天志向**」。

首先，他們在對於「西歐型」的秩序體系之理解上，便已有所誤解。不過更重要的是以下這點。的確以理念而論，中華國際秩序及「朝貢體制」，對於因為仰慕中華天子之德性而朝貢、臣屬的國家及地域，中華不會加以侵略，而是以「禮」做為彼此關係的秩序理念。不過，若只是一昧地相信「理念」論而認為這是「王道樂土」般的思考模式，是禁不起歷史實態嚴格的檢證的。意即，只要實際考察歷史中東亞型國際秩序的實態與構造便會發現，中國一方面接受朝貢，卻不認可朝貢國為一獨立的勢力，只要情況允許，便會試圖將之納入「中國本土」當中；另一方面，以戰略的觀點評斷為無法侵略之地域後，中華王朝便會認定該地為「不征之地」，位於「不征地」的國家、勢力即便不前來朝貢，中國也從來不會企圖出手制裁。這樣的事例，在歷史上不勝枚舉。

明代以後這樣的事例也是相當豐富，而近世也有一明白的事例，那便是前述宋太宗的「對越詔書」。同樣是宋代的嘉祐四年（一〇五九年），某位廣西知州上奏表示：「交趾（越南）雖然對外（中華）朝貢，內心卻依然存有禍心」，諫言予以懲罰（《續資治通鑑長篇》）。這雖然是對於中越國境紛擾而提出的政策論，不過由此可以看出，即便是朝貢、臣屬之國，只要內心有所意圖，便被視為有問題而成為「懲罰」的對象，這一點是思考「朝貢體制」本質時相當重要的一點。也告訴了我們，「朝貢系統」或是歷史性的「東亞型」秩序形成之實效性，是需要依據歷史的實貌再次檢證的。

前述的宋太宗詔書，其實也與越南朝貢上的應對進退無關，而是打從一開始，宋廷就打算將交趾（越南）納入中國進行內地化（山本編・前引書／二二頁）。宋朝於九八一年進行越南遠征，卻在海戰「白藤江戰役」及陸戰「支稜戰役」雙雙敗給越南。戰敗後，宋廷宣稱出兵交趾是因為越南的要臣黎桓壓迫正統的君王丁氏，因而前往進行制裁，如今已達到懲罰的目的，所以退兵。

戰後，越南對中國進行的講和程序，與前述清朝、明朝的流程，可以說是如出一轍。也就是說，儘管前進了七〇〇年（十世紀至十八世紀），歷史的模式卻是不曾改變。若不去檢視國際關係的歷史，而只是一味地注重理念、門面性的原則，或是過度關注非政治性的貿易關係，並渴望從中找出「去西歐近代」的可能性，這樣的視點是不適當的。只要深入地檢視「中華」與「周邊」的典型性對峙，便可以更具分析性、實證性的角度了解以「模糊及粉飾系統」為主軸的中華國際秩序及朝貢系統之「和平的特質」。如此一來，對於二十一世紀東亞的地域性國際秩序系統的模型，便會產生巨大的疑問。

8章

遠東的戰場

——中朝關係的歷史結構——

當「亞洲」一詞給人過於廣大印象時，便會開始使用「東南亞」、「西亞」這樣的詞彙。其中也有「北東亞」或稱「東北亞」的地域用語（相對於歐美各國在第二次世界大戰中，由英國軍的戰域名稱而誕生的「**東南亞**」，日本多稱為「東北亞」）。其地理概念包括了日本、朝鮮半島、中國大陸（不包括現在的西藏、新疆地區）、蒙古、極東俄國及台灣周邊。

就算先不論日本本身也含括其中，「東北亞」一直以來都受到世界的注目，多次成為歷史上的焦點。對歐美世界而言，「遠東是世界的盡頭」這樣的說法雖然只是表面上的印象，但對於真正對世界抱持著關心的人而言，都明白此一地域始終是「世界史上的重要地域」。

十九世紀，英國東印度艦隊的一位士官，指著此一地區，稱之為足以比擬歐洲史上的尼德蘭（現今位於萊因河河口地區的荷蘭、比利時等地），為一「世界史的戰場（Cockpit，鬥雞場、戰場）」。的確，十九世紀末，自朝鮮開國到甲午戰爭，揭開了此地的歷史序幕，接下來一直到一九四五年八月超過半個世紀，東北亞地區始終都是具有世界史意義的戰爭與動亂之焦點所在。當然，此一區域之所以會成為世界史的「戰場」，日本的前進大陸政策絕對是一大因素。不過，即便是在四五年八月之後出現的全球冷戰結構中，東北亞也依然是與東西對立最為尖銳的「鐵幕」中歐並列的「冷戰兩大正面對決」之一。直到今日，冷戰結束，「一個歐洲」（EU）、「一個東南亞」（所謂ASEAN地區）等潮流紛紛實現，當眾人都在談論全球的「無國界化」時，只有「東北亞」地區依然維持九〇年代中期以來的情況，台灣海峽或日本海太平洋三陸外海還是每年頻繁地上演超近代兵器的彈道導彈交錯飛舞的局面，這究竟代表了怎樣的意義？

現今的世界，「地域紛爭」的確依然頻繁地出現，像是一九九五年八月及九六年三月的台灣外海、九三年五月及九八年八月反覆出現的日本海、太平洋三陸外海上的導彈發射等，以擁有近代化強大軍事力的主權國家為單元，與其他的國家之間持續產生尖銳的國家性對峙狀況，這樣的地域在全世界恐怕再也找不到第二個。更何況，不像印度、伊斯蘭、猶太、基督教世界等具有嚴重宗教對立的「東北亞」地區，究竟為什麼會以如此頑強的「對峙」結構進入二十一世紀呢？

不用說，朝鮮半島的分裂，以及台灣海峽兩岸的分裂國家之存在，也就是所謂「冷戰結構的殘餘」正是直接造成如此現象的因素。不過，若此一「殘餘」消失，這個地區是否就真的能一掃以國家為單位的「對峙」構圖呢？是否就能走向現今西歐、北美或是東南亞、中南美等轉換「歷史」、相對來說較為穩定的國際關係構圖呢？

我們當然衷心期望，日本身處的此一地域，能夠盡早脫離「世界史的戰場」，不過此一地區自古便存在有世界史規模的對立因素，於此，我們必須用更加「遠觀」的視角去看，當「冷戰結構的殘餘」消失後，將會出現怎樣的國際秩序，並從世界史的觀點去深入探討才行。

究竟為什麼，此一區域會成為「歷史的戰場」？若回顧近代的數個世紀，首先便會發現，第一個因素，便是自近代初期之後，地球整體在發展之下開始擴大，「東北亞」的地理位置則正好位於「世界秩序之樞紐點」上。意即，此一地域，正是自歐亞大陸東進而來的俄羅斯斯拉夫勢力、自中東印度洋而來的歐洲列強等海洋勢力，以及自北美大陸及太平洋西進而來的美國等三大世界勢力必然的邂逅點、接觸點，宛若一種「世界史上的宿命」。前述引用的英國海軍士官之話語，可以說就是在強調此一現象。

的確放眼望去，也有其他類似的「世界史上之樞紐點」的地域。像是東．中歐的巴爾幹半島、東地中海，或是古時印度西北國境至中亞地帶等，這些地區，直到今日也依然不斷引發各種「地域紛爭」。不過，這些地域所帶有的世界史之意義，在喪失了過往世界勢力間的「大博弈（The Great Game）」之意涵後，影響力也跟著大大地衰弱了。

東北亞在世界史意義的繼續

相對地，東北亞地區依然保有「世界史上樞紐點」之意義，是由於現今依然具有壓倒性世界勢力的美國，以及依舊帶有巨大世界史潛在力的俄國，仍然持續在此地角力之緣故。此外，還有另一點更重要的，那便是此一地域坐擁中國與日本，這些**準**世界性規模之選手，具有極微妙之地緣政治、文明特質的朝鮮半島同時存在於兩者之間，形成相當嚴峻的情勢。

此外，中國、朝鮮（朝鮮、韓國等用語，其實並非是源自冷戰期的分裂，而是可以追溯至二〇〇〇年前的歷史性區隔，後述將再予以說明）以及日本三者之間，存在有壓倒性的「歷史性重量」，而此一歷史性、文明史背景的因素，也始終是影響此區地域秩序的重要「磁場」。

這裡所說的「歷史」，絕非「第二次世界大戰」或是過去數百、數十年的短暫近代史，而是橫跨了二〇〇〇年文明史規模之「歷史」。在如此龐大的歷史**長河**上尋求今後的展望，勢必要將此三國間既有的關係，視為一整體的「結構」，進而闡明彼此間的文明史關係，以及「文明間關係之國際關係」。

當然，為達成此一目的，所需的龐大作業將超越本章的規模，不過若只是嘗試闡釋其中的一角，則是今日就能著手的目標。不進行這樣的嘗試，將永遠無法理解此地域的「歷史性戰場」之本質及二十一世紀的展望。此外，本書最主要的重點，便是從文明史的視角去探討「中國與國際社會」連結之本質，前章探究了中國越南關係之歷史性結構，現在也要以同樣的視角來探討中國朝鮮關係，這也是現今急切需要的嘗試。

一直以來，日本的東洋史學、東亞史研究，對於中朝關係的歷史性探究，總是相當奇妙的只是點到為止。雖然也是有不少以思想面為中心的個別研究，但對於形成日本人整體東亞史觀不可或缺的中朝關係，意外地卻鮮少人去探究其「歷史性結構」。

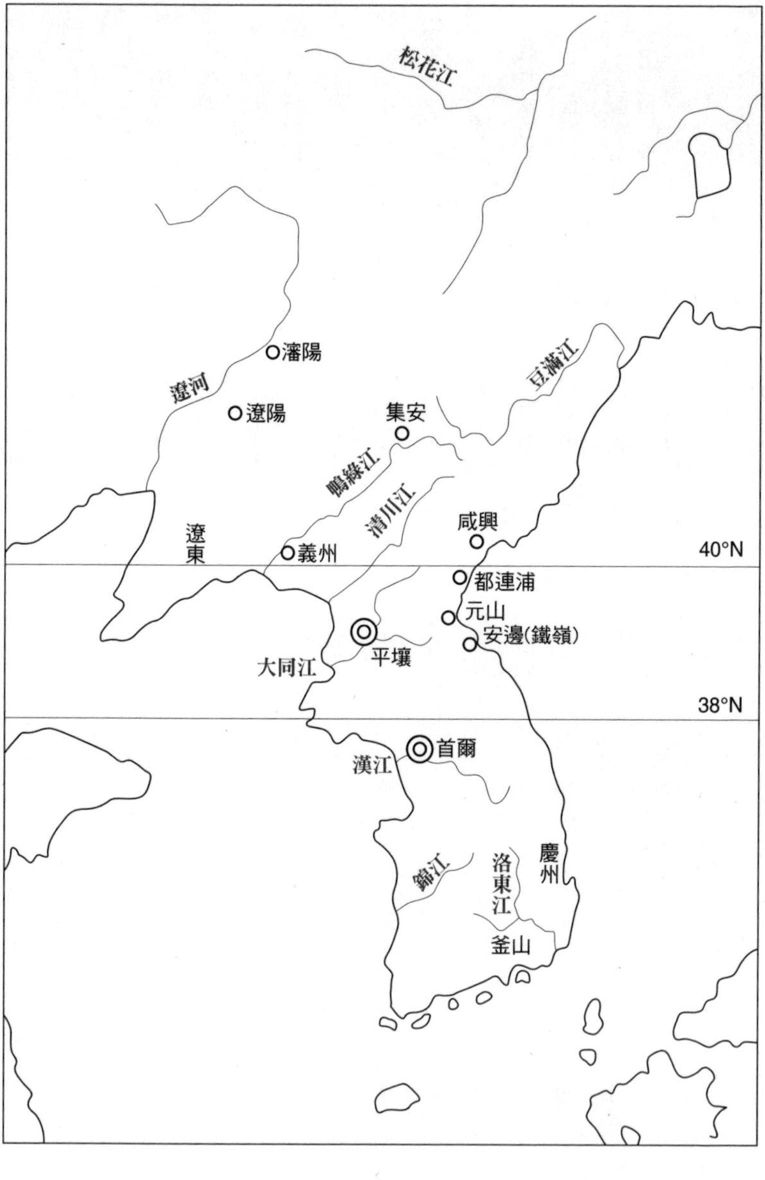
松花江
瀋陽
遼河
遼陽
集安
豆滿江
鴨綠江
清川江
咸興
遼東
義州
40°N
都連浦
元山
安邊(鐵嶺)
平壤
大同江
38°N
首爾
漢江
錦江
洛東江
慶州
釜山

這不只是在說近代、前近代，就算到了現代，也依然適用。中國與北朝鮮（朝鮮民主主義人民共和國）、中國與韓國的關係之**現狀**，對於探討現今日本身處的國際關係是極為重要的媒介，然而，如此重要的研究、分析，卻依然僅只於零星的案例。再者，從符合中朝關係史實貌的視角進行透徹的歷史性考察，在現今的情勢下更顯重要，但是針對此的內容的研究，卻依然相當少見。

過去東洋史的權威宮崎市定曾表示，要理解中國歷史，便必須思考中國與周邊六個地域的關係，因為這都是「反映出中國歷史的一面又一面的鏡子」。他把①朝鮮、②滿洲、③蒙古、④突厥斯坦（Turkistan）、⑤西藏、⑥印度支那及南洋等各地域與中國的關係視為「中國周邊史總論」，以簡潔、透徹的方式整理要約（收錄於《宮崎定市全集》第一九卷／岩波書店／一九九二年）。其中宮崎將中朝的歷史關係之構圖，以極為具有洞察力的角度說明，內容較長但還是引用如下：

「第一，朝鮮與其說是依人種（以中國周邊地區而言，中西註）與他者區分，還不如說是依據地形而自成一格。此地自古以來就有各種的民族居住，在以自身的力量完成統一前，便突然被漢武帝征服，成為漢的郡縣。接著便深深地被植入了中國文明，即便之後完成了民族統一，面對中國也依舊處於沒有主體的被動立場。在中國南北朝時代，高麗自朝鮮橫跨至滿洲完成獨立，雖然高麗的主要構成民族也許稱不上是純粹的朝鮮民族，不過此時是朝鮮政治活動最為活躍之時，甚至擊敗了隋、唐的大軍，威名顯赫。南邊則有百濟、新羅，而朝鮮的政治統一，則是率先由新羅達成。之後，便以單一國家單一民族的集體行動運作，對中國執藩臣之禮，表達恭順之意，接納中國文明並滿足地自稱為小中華。也因此，其文化也逐漸地失去了獨立性，文學也是以漢文撰寫，朝鮮語的文藝作品，幾乎到達完全消失的地步，極為萎縮。朝鮮與中國隔海而居，僅有滿洲是直接以陸地與中國比鄰而居，當滿蒙出現大國時，脫離中國納入滿蒙旗下，這也是無可避免之情勢。朝鮮總是煩惱於要依附於中國、還是依附於滿蒙，不過若滿蒙的勢力足以併吞中國全土，那麼此一問題也就跟著消除了。同樣地，從屬於中國的時期，依時代不同，其從屬關係也是深淺不一，在元代可以說僅為一屬地，而明代則有如中國的領土一般，到了清代則是分離成為保護國」。

此外，洞察了高麗朝（九一八年～一三九一年）的典型中朝關係歷史性結構的青山公亮，則點出以下的論述：

「朝鮮史的一大特徵，便是將追上中華之水準視為永恆不變的目標，在政治上也依事大的原則（即事大，也就是從屬於中國）始終小心翼翼地服從中國。簡言之，對於

（中國這一個）文化上的先進國及政治上的宗主國，朝鮮總是強烈地意識到其存在（「事大與華化──特別以高麗朝為例」《朝鮮學報》第一四輯／一九五九年一〇月．括號內為中西註解）。

再者，前述的宮崎將朝鮮的對中國關係之歷史構圖，與越南（安南）和中國的關係做了比較，評論如下：

「漢代將日南郡設於順化附近（越南中部），直到唐代，以北直到現今的法屬東京地帶，都完全屬於中國領土。不過安南地區自古以來便獨立心旺盛，絕不安然地順從中國，而是不時地發起叛亂，反抗統治者，直到唐末終於獨立成功，之後對中國而言便成為純粹的外地。此地區距中國中心遙遠，也同時有大量機會自南方接收印度、波斯等文明，並不特別認為中國文明才是有價值的產物，因此，在表面上屈服於中國的兵力而屈就為藩臣，但內心依然保有強烈的自尊心。這一點與始終恭順於中國的朝鮮，截然不同」（宮崎．前引書．括號內為中西註解）。

朝鮮對中華的態度受到的制約

朝鮮與越南，同樣都屬於從早期就深刻受到中華文明影響的中國周邊勢力，也同樣地長期受到中國的直接統治，到底為什麼兩者對於中華的態度會展現出如此對照性的不同，這著實令人印象深刻。兩者間為什麼會產生如此相異？這一點，正是理解中國與亞洲周邊諸國之關係，也就是東亞歷史性國際秩序的重要關鍵。的確，宮崎定市提出的因素，像是越南的民族性中帶有較強的獨立志向，亦或是越南受到印度支那半島、西亞文明的影響等，都相當具有說服力，不過，有必要對於中國與周邊之國際關係結構，以更具有概括性的視角深度分析。

前章之前反覆探討的內容，在思考中國與東亞周邊勢力之關係時，以下三個「對峙」相當重要：

①中國與周邊各國的政治、軍事之權力關係
②奠基於華夷思想的「中華」與「周邊」之間地位與權威的上下關係
③尋求相互交流之經濟、文化性誘因，以及涉及各國內政治層面之統治正統性的動機

前述也已多次討論，越南與中國之關係，在②、③上幾乎無從爭論，不過在牽扯到戰略性權力關係的①上，兩者的「對峙」就尖銳地浮現。而讓日本與中國之間產生強烈緊張的

「對峙」，總是起因於②。至於朝鮮與中國，不論是哪一點，其對峙都不如日、越尖銳。到底是怎樣的原因造成如此的相異，便是本章最主要的關注點。

關於此點，前述宮崎對於朝鮮半島的論述：「此地自古以來就有各種的民族居住，在以自身的力量完成統一前，便突然被漢武帝征服，成為漢的郡縣。接著便深深地被植入了中國文明，即便之後完成了民族統一，面對中國也依舊處於沒有主體的被動立場」其中蘊含了豐富的暗示。

實際上，現在朝鮮半島北部的勢力相當重視「朝鮮」，並設為國名；而南部則是執著於「韓國」一詞，這樣的區隔也是具有暗示性。在成為漢代領土之前，依據司馬遷的《史記》等著作，以平壤、大同江流域為中心的北部地區，自戰國時代起便由勢力橫跨至渤海、遼東地區的戰國七雄之一的燕國所統治。秦代統一中國後成為「境外之地」，之後趁著秦末漢初時局混亂之時，燕人（衛）滿及大批中國人移民進入此區，成立了所謂的「衛氏朝鮮」，可以說是在相當早期便受到了深度的華化（中國化）。在《漢書》「地理志」中提到，被周消滅的殷商箕氏獲封朝鮮之地，可謂是朝鮮國建立的開端。無論如何，「朝鮮」都是從極早期開始，就一直是「中華」開拓之地。

不過，漢江以南之南部，特別是洛東江流域，由受到一定程度華化，總稱為「韓族」的集團所把持，與半島東海岸中部同系統的獩、貊，都不曾受到中華勢力的直接統治，便直接成為構成「韓」的民族之成員（岡田英弘認為韓族也受到中華商人的廣大影響，而獩、貊所受影響的程度較小，兩者的相異僅止於此。岡田英弘《倭國》／中央公論／一九七七年）。此外，東海岸北方至沿海州南部，以及滿洲・松花江上流等廣大區域，則是由沃沮、扶餘等完全不同系統的民族集團所分佈。

也就是說，面對中國大陸的朝鮮半島西海岸，也就是今日「北韓三十八度線」以北的區域，是以「身為中華自家地的朝鮮」發展而來；而半島南部則具有截然不同的歷史出發點。在朝鮮的歷史上，南方的「韓」以相異的起源做為文明主體，形成了南、北兩個主軸，再加上之後「高麗」所興起的巨大發展能量，其中也包含了滿洲通古斯（Tungusic）民族之扶餘等北方狩獵民族，也就是「南滿勢力」。再加上此一起源，可謂是共有三個相異的文明要素及其勢力在朝鮮半島上相互角力，進而整合到之後朝鮮半島之民族與歷史的形塑中。這一點，是在理解半島史極為重要的要點。

換言之，在思考朝鮮半島的歷史時，此「三個起源，依各自的中心地區做為象徵，（依上述之順序）可稱之為「平壤」、「慶州」與「集安」，此三者間的角力便是貫穿整個半島史的本質性重要因素。

前述的宮崎市定提出，朝鮮在發展出獨立的民族形成前，便在漢武帝的統治下進行了「全面性的中國化」，這具有相當深層的意義，指的正是以上這一因素。此因此，四世紀初（三一三年），設置於朝鮮進行半島統治長達四百年的據點「樂浪郡」消滅後，朝鮮半島出現了高麗、新羅、百濟三國。在接下來超過三百年的時間，三個勢力持續處於均等的三強鼎立狀態，這也反映出了半島史中「三個起源」之歷史結構。三百年後，也就是七世紀後半（六六七年）新羅統一半島後，三強鼎立的局面劃上休止符，開啟了「一個半島」的新局勢。不過新羅的統一，若沒有中國史上擁有異常突出之擴張餘力的唐高宗介入，也是難以實現。如此可知，具有不同起源一分為三的半島史文明．歷史結構之角力、對中國的依存及中國的介入，都是朝鮮韓國史中本質性的構成要素。

另一方面，越南（安南）與朝鮮半島同樣從早期就受到中華文明影響，並長期受到直接統治，卻不像內部分裂的朝鮮，經過兩者的比較，將可看出「中華」與朝鮮半島之關係中，在歷史、文明結構上相異的理由。

佇立於二大勢力間的朝鮮

二〇世紀描述冷戰歷史的國際政治史名著《冷戰史》（サイマル出版會／一九七〇年）之作者路易斯．哈雷（Louis Halle），在一九五〇年代論及朝鮮戰爭（韓戰）時，提出了悠長的歷史性視角，將朝鮮戰爭的原因及發展，依循半島數千百年來特有的歷史結構一一分析。其中，哈雷將朝鮮半島比喻為英文字母「H」的中間那一橫槓「一」，此一橫槓總是夾在兩側的巨大縱槓之間，也就是中國大陸勢力及自東方海域航向亞洲大陸的勢力之間。只要其中一條縱橫儲備了一定程度以上的力量，便會開始渴望擴張、支配整個「H」，而首當其衝的，便是橫槓朝鮮半島，這也是貫穿整個歷史的必然結構。

的確，中華在歷史上多次嘗試統治朝鮮半島，有時甚至跨越半島，渡海想將日本納入統治之下（元寇便是一例）；而豐臣秀吉進攻明朝的計劃，也是從「出兵朝鮮」展開，近代日本的進軍大陸政策，也都是先從征韓論或是「合併韓國」開始。依哈雷所見，一九五〇年代的韓戰，其實是以企圖進行世界革命的蘇聯為後盾之中共勢力，與西歐、西半球全體以及自東方海域向日本進軍而來的美國，兩方在朝鮮半島激烈碰撞所產生的戰役。哈雷更表示，當以美中二大勢力為主的大陸勢力及海洋勢力，也就是「H」的二個縱橫激烈角力時，半島中心地帶的「三十八度線」周邊，便會必然地產生一種「動彈不得的均衡」。而這也剛剛好是二千年前起，「文明史的休戰線」，也是「朝鮮」與「韓國」分道揚鑣的地點。

實際上，回顧前近代的朝鮮半島史，會發現除了代表中華勢力的中國，日本（倭）的存在也不時地具有決定性的意涵。在古代史中，半島南部與倭國的關連，像是高麗．廣開土王碑、「白村江戰役」（六六三年），不時地對於半島史的發展，給予了相當戲劇化的衝擊。與《三國史記》並列為古代半島史基本史料的《三國遺事》（十四世紀高麗末僧一然所撰）中的「安弘東都成立記」，記載新羅的善德王於十四年（六四五年）三月，為了去除自外國進入新羅的「災害」，在皇龍寺建造了九層樓的守護塔。各層依照對新羅威脅之程度區分，第一層為「日本」、第二層是「中華」、第三層為「吳越」、第四層為「托（耽）羅」、第五層是「鷹遊」、第六層是「靺鞨」、第七層是「丹國」、第八層是「女狄」、第九層為「獩貊」。

其中卻不見與新羅相爭半島霸權的百濟、高麗，是因為此一時期，新羅人已經對百濟、高麗具有某種「同族」勢力之概念了。其中的「吳越」，指的則是從中國南部跨海而來與朝鮮半島交手之勢力。此一九層塔的標示，也明顯地展露出自古以來，朝鮮半島對外最大的二大威脅，便是日本與中華（意即北方中國）。

在此，讓我們再次回顧前面幾章曾提過的事件內容，在豐臣秀吉出兵朝鮮僅四〇餘年後的一六四〇年，朝鮮王朝的司諫趙絅，面對於北方興起的女真勢力、清朝之壓力，諫言朝廷應該實行以下的對外策略：

「朝鮮視日本為不可輕信之國，這一點清國亦同，兩方都是迫於不得已而與之交流。若派遣使者前往日本，告訴日本我方受困於清國之實情，，相信日本能夠立即表示理解，但若只是要求日本聲援，日本兵是不會率先與清國開戰的。（然而）清朝不斷地（向朝鮮）詢問日本之事，則是因為他們忌憚日本。因此若是私下說服日本，請日本向清國送出書信，斥責清國侵略（與日本具有）鄰交（關係）之朝鮮，清國便會了解朝鮮與日本擁有密切的關係，不敢輕易出兵。這便是在下（讓日本與清對立並互相牽制）的謀略」（第六章引述之文，又另加入了中西輝政的意譯）。

在此，再度提出此一諫言是想要再次強調其意涵之重要性。意即在此一時期，李氏朝鮮雖然定期地向日本派出「通信使」，不過日本已逐漸進入鎖國政策時期，加上才不到五〇年前，曾因為秀吉的進攻而大受苦頭的朝鮮，竟然願意選擇對日本進行外交上的依附（或說利用），而保障自身的安全，由此便可看出，朝鮮在歷史上身處的立場，是多麼地苦澀艱困。這也是因為，朝鮮深知若不好好維持「H」二側縱橫的均衡，身為中間橫槓的自己將以立足。這樣的結構，一直到二十一世紀也依然沒有改變。

握有朝鮮存亡關鍵之中華

趙絅在提出上述言論的四年前，也就是一六三六年十二月，女真族後金的清太宗改國號為「清」，親自率領了二〇萬大軍佔領了漢城（李朝的王都，今首爾，朝鮮史上稱之丙子之亂），並要求朝鮮王・仁祖對清國實行對「中華」的臣服禮節。在好不容易擊退豐臣秀吉的進攻後，才不到四〇年，朝鮮又再度受到外來勢力的征服。自此之後直到甲午戰爭的二五〇年間，朝鮮便將清視為「中華」，恭順臣服，存活於「一面倒事大」的時代中。不過，在此絕不能忘記的重點，便是朝鮮的「事大」原則及長達二五〇年的清朝與朝鮮關係，是在日本進行鎖國的條件下，才得以成立的。

當時，在朝鮮統治階級眼中，清與「正統中華」的明朝相比，不過只是「夷狄」的一支罷了。所以在前述趟絅的諫言中，將「日本」與「清」都視為「用謀略便能命下」的存在，這也是出自於朝鮮的華夷思想。然而，之中其實展現了更深層的歷史普遍性之構圖，更以下面的現象呈現出來，是不容忽略的重點。

意即，再向前推溯三百年，元末明初之際，高麗宮廷中分為「親元」、「親明」二派，對於對外策略出現了嚴重的對立。最後，由於元朝不斷的衰退，最後由親明派（李成桂為中心）勝利，也促成了高麗走向李氏朝鮮的轉換點。

一三八七年，將元朝趕出華北，完成了明朝建國的太祖洪武帝派遣了使者前往高麗朝廷，宣告「鐵嶺以北（幾乎就是現今連結平壤與元山的北緯三十九度線以北）自元朝以來隸屬於元，今日起，居住在該地區的高麗人、中國人（漢人）、女真人、蒙古人將全隸屬於（明朝的）遼東」。對此，代表高麗朝的將軍崔瑩主張此地也是「高麗的故有領土」，決定反抗明朝出兵遼東。最後，反對此一出兵的親明派李成桂起身反叛，滅了高麗朝。由此可知，即便對象是「正統中華」之明朝，一旦觸及到「高麗」民族主義之核心「北方的故土」，即便是事大派也是會產生嚴重的分裂。

實際上，自高麗滅亡（六六八年）以來，平壤以北長達四百年間，都不再是朝鮮（新羅或高麗）的國土，而是納入了唐、契丹的勢力之下。

該地在一〇一八年的「龜州戰役」中，擊退了自北方進攻的遊牧國家契丹獲勝，暫時地納入了高麗的統治下。不過，之後為了對抗北方的入侵，於鴨綠江河口之義州至面對日本海的都連浦（現今元山附近），約北緯四〇度之處，建起了「千里長城」，此後，這塊「高麗的故土」便再度離開了朝鮮民族的支配，成為隱藏在遙遠北方雲霧之中的「幻之地」。也就是說，在整個元代，此地一直都是受到遊牧國家直接統治的。

換言之，對朝鮮半島而言，「北狄」（北亞的遊牧、狩獵民族）一直與「中華」相同，是二個相異的「來自北方的壓力」之一。在說明此一特殊的構圖時，也許應該把上述哈雷提到的「H」，修改為「E」才能理解。意即，在僅有一條的縱槓「中華」上，中間最短的横槓便是附屬於中華的朝鮮半島，而依照中華國力之衰退，上、下較長的横槓，也就是日本及「北狄」便會開始膨漲擴大，此時「E」字的縱槓不得不離開半島，而同為H的横槓的朝鮮半島，則陷入中華與「倭」、或是中華與「北狄」尖銳對峙、進退維谷的縫隙之中。

實際上，在近代俄國勢力抵達及遠東之前，「北狄」也就是滿、蒙等遊牧、半農狩獵民族，一直是「中華」與「周邊」上朝鮮半島國家對外關係中，給予最大衝擊的源頭。前述朝鮮民族對於中華文明之文化上的敬慕之情，也必須從朝鮮與周邊勢力之地緣政治・歷史結構性關係才解釋。意即，在受到日本及滿、蒙之地不斷出現的非中華勢力（近代則是俄國勢力）雙方的壓力之下，基於戰略性的必要性，進而選擇從屬於中華，這也促成了「事大」之理念性正當化。關於此點，青山公亮闡釋如下：

「朝鮮的政治史之走向，受制於半島所在的至置：位於大陸東陲，並直接於中國的邊疆地帶緊鄰。支那本部強大的政治力，也並無法總是徹底地支配所謂的東北地區（滿洲方面）。不過此地自戰國時代以來，便是中國的邊疆，為了確保中原（華北地區）的治安，進而成為必爭之地，是中國不得不打以重大關注之地。也正因為兩者直接緊鄰而居，支那與朝鮮之間具有不可分的連結性，這亦是不理自明，因而半島的政局，始終都是受到中國情勢之左右」（青山．前引論文）。

日本與「滿蒙地區興起的強大勢力之關係」（青山），是了解身為「中華」之「周邊」的朝鮮歷史性關係的重要關鍵。

9章

東北亞「歷史的馬賽克結構」

一九九八年一〇月，訪日的韓國金大中總統（當時），提出了今後兩國的走向為「日韓夥伴關係（Partnership）」，主張克服因日本殖民統治而在彼此間造成的各種糾葛與衝突。不過，之後兩國關係的現況，反倒是顯露出在東亞要「克服歷史」是相當不容易的難題。到底為什麼，此一地域的「歷史」會如此地深植其中呢？這與文明史結構的重大因素有所關連，至少日韓間對於「歷史」意識擁有完全不同的認識，此一狀況並非僅限於二〇世紀之日本統治時代或明治之後的近代，而是更為「整體歷史性」的，這也是我們必須去面對的問題。

朝鮮半島問題的研究者古田博司在著書《東亞思想風景》（岩波書店／一九九八年）中，認為東北亞的「相互不信任之悲哀」，是源自於深度歷史見解與思想淵源之差異，並從歷史意識之結構來看，點出東北亞地區是由「悲哀的馬賽克國家群」所組成。由日本、韓國・朝鮮以及中國組成的東北亞，其地域秩序根本上的不穩定之源頭，恐怕是需要回溯到久遠之前才能理解的龐大文明史規模之「歷史觀的馬賽克結構」。這不只是是歷史上發生的各種衝突與糾葛之事實，更是對於歷史本身之見解就存在根本性的差異所引起。

吉田認為原因在於在這一點上，日本、中國、韓國過於「毫無一致性」，「再加上對於彼此的風俗習慣過於無知」，導致此三國「各自分割共有中華思想」。為什麼因為「中華思想」被分割共有，此地域的歷史觀就會出現「馬賽克」的結構呢？這個問題本身，便是相當重要的命題，在本章中，便要從東北亞歷史觀根本上的分裂來闡明：第一，中華文明具有的本質性問題、第二，在這樣的問題上形成的對中關係，日本、朝鮮半島在各自持有的歷史・

文明意識間具有的巨大差異。

日朝對中華國際秩序的差異

韓國的新世代歷史學家孫承喆將李氏朝鮮時代（一三九二～一八九七年）的日朝關係視為「交鄰體制」，「所謂的交鄰體制，指的是以冊封體制為前提，於被冊封國之間形成的關係」（孫承喆《近世的朝鮮與日本》／明石書店／一九九八年／三三頁）。

這裡的「冊封」，當然指的是與中國（中華帝國）之間簽署的臣屬關係。對於日韓雙方的史學家也都相當認可的「冊封關係」，依西嶋定生的定義來說，日中關係自古代的六世紀之後一直到近代為止，除了足利義滿在短短數年間對明實行朝貢外交（日本於一四〇二年接受明之國書，承認義滿受封為「日本國王」，不過在六年後的一四〇八年義滿去世後，便立即不再接受明之冊封）之外，日中間並不存有冊封關係，若以廣義的「朝貢」來看，在勘合貿易結束的一五四七年之後，一直到近代為止，日中間不見任何官方的外交關係（請見前引書・西嶋《日本歷史的國際環境》一六六、二一一、二一八頁）。換言之，李氏朝鮮時代（十四～十九世紀）的大半，日中關係不要說是「冊封」了，就連同等於廣義「朝貢」之關係、可稱之為「體制」的交流，都不存在。

孫承喆又補充說明如下：「相較於足利義滿明確地接受冊封之事實，日本自德川時代以來，日本對於違背自身主體性的事物總是諸多批判。然而在當時的時代，基本上這是東亞普遍的外交規範、國際秩序意識，不願面對這些規範的日本之主張，難道不是發展出國粹主義的開端嗎？正因為這樣的主張，之後成為了日本中心主義史觀論者的理論基礎」（孫承喆・前引書／九五頁，註三三）。不過，所謂的當時之「東亞普遍的外交規範、國際秩序意識」，指的到底是什麼？基本上，日中韓（這裡的韓意指李朝）三國之間真的存在有所謂的普遍性外交規範或是共同的國際秩序觀嗎？關於這點孫並沒有詳加說明。不只沒有說明，更如同上述的引文，只要出現與朝鮮相差的秩序觀，便立即扣上「〇〇主義」的見解，不依史實去進行歷史之詮釋，而是以道德或意識型態的角度加以否定，單方面地捨棄。這樣的做法，也正讓人感受到東北亞「歷史觀之馬賽克」的悲哀。

反之，孫承喆的主張還有一相當大的問題，便是他不願去正視義滿外交的短短數年，在日中關係數百年的歷史中，是例外中的例外此一事實。此外，後述會再說明，豐臣秀吉出兵朝鮮（壬辰倭亂）時，日明間進行和議（講和交涉）之際，對於造訪北京的小西行長家臣內藤如安，明朝詢問：「過去永樂帝曾冊封足利義滿，他的子孫如今身在何方？當時賦予（義滿）的金印，現在又在哪裡？」明的發問，可以說是證實了自義滿後的二百年來，日中國交確實已斷絕。另外，明朝更詢問如安：「日本有稱做天皇的人物，那是你們的國王嗎？」（《兩朝平攘實錄》《經略復國要編・後付》・日文譯為出自於北島萬次《豐臣秀吉之朝鮮侵略》／吉川弘文館／一九九五年／一七五頁）。

不管是帶有怎樣的史觀或是主義，史實便是如此。上述的引文代表了日中之間，除了義滿時代，也就是一四〇〇年代初期的幾年之外，並不存在有任何的冊封關係。如此一來，現代韓國史學觀點所見的「交鄰」概念，是必須有所修正的。因為，至少在中世、近世的數世紀間，日本並不像朝鮮屬於「被冊封國」。此外，奠基於冊封、內包於對中國關係的中華性倫理規範及秩序觀念之國際關係，究竟真的是實質上「當時東亞的普遍性外交規範、國際秩序意識」嗎？這一點，除了當時的日中、朝中關係外，還必須擴大到東亞全域之規模，從歷史性實貌再次進行考察才行。

不過，在此可以先確定的是，不僅是冊封，更親自選擇跳脫廣義「朝貢系統」或中華國際秩序的框架，在亞洲中始終處於距中華體系最遠的中世近世日本，與總是最忠實、恆常地實行「朝貢體制」，並以中國為中心生存在中華秩序中的朝鮮，兩國的國際秩序觀必定存在根本性的差異，就算予以粉飾、模糊，兩者間僅因為緊鄰而居而不得不進行些許的交涉，這也許才是日朝間「交鄰關係」的真正本質吧。

今日，抱持著「巨大的悲哀」，還是必須明瞭地直視東亞國際關係的實貌，歷史的模糊、粉飾也成為文明史上結構化的國際關係。於此，還存在有世界其他地域難以看到的「歷史觀之馬賽克」之源頭。再者，遇到與自身歷史觀相異的歷史詮釋時，不是要進行道德性的批判稱之為「邪惡史觀」或進行意識型態的討伐，而是要試著從史實、而非史觀的角度直視，將「馬賽克」帶有的重量視為「宿命」去接受，並再一次地虛心回到根源探討其形成的過程，也只有這樣，才能跨越這份悲哀，而這樣的過程需要的正是知性的覺悟。

韓國的史學家必須試著接受，如西嶋定生所言，自六世紀後，日本採取的一貫態度便是以「與中華對等」、「獨立自主」意識為中心，此一客觀的事實。另一方面，日本則應該去關注，歷史上朝鮮半島的人們雖然在內心深處抱持著獨自性，卻在中華文明壓倒性的影響下，展現出其他亞洲諸國不曾出現過的強烈、深度的中國中心世界觀，而且是在二千年以上的歲月中累積而來，其後進入近代，經過日本殖民統治的經驗直到今日，這些歷史的經緯都化為深刻的「創傷」。特別是，我們必須關注的是，半島的人們抱持的歷史觀背後的背景，是壓倒性中華化的「歷史經驗」，這是是與近代殖民地經驗遠遠無法比擬的。現今，包含知識份子在內的多數日本人，對於朝鮮半島在歷史上與中國持有怎樣的關係，是在怎樣的情況下發展其歷史等，這方面的知識都極為不足。即便只是稍稍地闡明此一部份，也能對東亞「歷史之馬賽克」所引發的問題，逐漸地克服。

身處中華「周邊」的朝鮮

在前面數章也已經多次提到，本書的中心主題便是要思考中國與國際社會的連結，並關注進代以前的中國，也就是「中華」與其「周邊」之關係。朝鮮（半島）、日本、越南等東亞圈三國在歷史上與中國的關係，各自都如此這般地截然不同，這也是思考「中華國際秩序」時相當重要的關鍵之一。再一次說明，在思考「中華」與「周邊」的關係時，共有以下三個主要的因素：

①中國與周邊各國之間的政治軍事的權力關係。

②基於華夷思想，規定彼此間地位及道德性權威的上下關係意識。

③彼此尋求交流的現實上內政、經濟、文化的動機。

其中，日本的對中關係之歷史性結構，總是因為②的上下關係意識，也就是「地位」問題上產生磨擦，是一貫以來的核心問題。日本對於中華政治、道德上的超越性權威及中國的中心性始終採取「否認」的文明上的立足點，這也是六世紀之後對中政策一貫的焦點。另一方面，越南與日本不同，在「地位」問題上幾乎不曾發生過磨擦，卻是在①與③，特別是①的戰略性關係上發生問題，越南始終抱持顯著的「陽奉陰違」，也就是相互「不信性的構造」，成為兩國關係之焦點。而朝鮮（半島——以下為求簡便將以王朝名、或是朝鮮略稱），①～③不論哪一項，都未曾發生過重大的衝突，對中國關係可謂是整合性地平順維持，在七世紀新羅統一半島、形成國家後，也一貫地採取「事大」之規範行事。

不過，重要的是，僅憑朝鮮的「事大」觀念，是無法「整合性」地發展所有的對中國關係的。意即，歷史性實貌中，中朝間始終存在、不時浮上台面的「糾葛」以及對中關係上朝鮮被強制接受的「悲哀」與「恥辱」之記憶，在歷史性意義的層面上，也必須從現代的視野再次予以評論。其中不時出現中國對朝鮮進行的嚴苛壓迫、輕蔑，以及朝鮮的反彈與隱忍，這一連串的歷史可以說是「東亞史上的歷史大戲」，以相當戲劇化的方式呈現出其糾葛。若是仔細地考察其過程，將可看到今日依然持續進行的中朝（或中韓）關係之本質的一端，將來，對日本來說這極為重要的問題——統一後的朝鮮半島將會採取怎樣的對中關係，也能從中獲得提示。

無論如何，包含這些糾葛的歷史，具體地探討中國朝鮮之關係，將可以更實證性地接近以各種虛構做為裝飾的「中華國際秩序」之歷史性實貌及其全體樣貌。

「比中華更中華」之意識

朝鮮即便是付出難以隱忍的具體、精神性犧牲（糾葛），也始終貫徹地臣服於「中華」，同時將此一犧牲視為與中華文明自我同一化的「補償行為」或是「文明正當化」。而朝鮮明確地走向「事大」與「華化」之關係（nexus），則是在一〇世紀大唐帝國崩解之後，「五代十國」之中華秩序的一大變動期。

實際上，此一時期後的朝鮮半島，經歷了四五〇年高麗王朝（九三六～一三九二年）統一時期，不過此時的統一可以說是「總算」得以保持住的艱困任務，期間不斷受到北方的契丹、女真、蒙古等異族，也就是「夷狄」勢力的壓迫及佔領、支配，可以說是煩惱不曾間斷的四個世紀。

前述的青山公亮，也強調了在高麗期的歷史上，來自北方的壓力所帶來的影響：「高麗時期的歷史，總是帶有一種獨特的哀調。無論何時，小總是抵不過大，弱總是贏不了強。一而再、再而三地遭受到華化程度較低——較卑賤——的夷狄之壓制，（究竟）該以怎樣的態度去面對這樣的局面」（青山・前引論文／三五一頁，括號中為中西加註）。這一份「糾葛」與「隱忍」，若以歐洲政治史的諺語「比國王更為保皇派」來表現，可以說是「比中華更中華」，如此強烈的華化理念及事大主義便是培育出朝鮮民族對外意識的根基。其中糾葛的情景，可從高麗初期悲淒的對中外交一目瞭然：當北方的夷狄一一進入中原稱霸的五代中國時，朝鮮還是不厭其煩地拼命尋求中華承認自身的建國（詳細說明請見青山・前引論文／三五二～三五五頁）。

不過，原為「以小事大」之意的「事大」與「比中華更中華」的「華化」之間，不時產生的糾葛與緊張之重要性，更是值得我們關注。特別是在中原再度由漢族王朝復興，並出現了向北方擴大之形勢時，這樣的糾葛與緊張便更加顯著。其中之一便是宋（北宋）再次統一中國大陸，並出兵打算收復北方的失土，卻以失敗收場的十一世紀初期「澶淵之盟」（一〇〇四年）前後，高麗的處置方式便能清楚看到上述的情況（有關此一時期的詳細說明，請見M.C. Rogers, "National Consciousness in Mediaeval Korea: The Impact of Liao and Chin on Koryo," in Morris Rossabi ed., China among Equals: The Middle Kingdom and Its Neighbors, in the 1〇 th-14th Centuries, Berkeley: University of California Press, 1983, pp.151-172）。不過，以更加戲劇化的方式呈現出來的，是在十四世紀後半（一三六八年），明的興起讓統治朝鮮半島長達百年的蒙古（元）離開中國大陸，退居北方。此時高麗的統治階層分裂為「事元（親元）」派及「事明（親明）」派，國內輿論一分為二超過三〇年，也因此造成高麗晚期國王・恭愍王遭到殺害，引發了重大的混亂。

當代表「正統中華」的漢族王朝明朝出現，若以原本「事大（依附強大的一方）」之觀念來看，應當先等待，分析元或明哪一方會確定統治中原，再做出判斷，然而朝鮮卻僅看到漢人王朝明代之正統中華的立場，以「華化」理念做為判斷的依據。然而當明即將完成中華大統一之際，高麗的糾葛卻沒有因此結束，這更是值得關注的重點。這是因為，臣屬於「夷狄」的屈辱之糾葛結束後，便產生了該如何看待過去這段歷史的「清算過去」的課題；而新制霸大陸的正統中華明朝，卻又做出了對朝鮮（在此指的是高麗及李朝雙方）種種更為露骨的輕蔑行為，對於明朝提出各種「強人所難」的難題，又再再增加了朝鮮的負擔及隱忍。

「事大」的嚴苛負擔

明洪武十年（一三七七年）及十一年元月，《明實錄》記載明帝對高麗派遣而來的賀正使下達的敕旨，可以清楚看出臣屬於中華之下的「事大」，強制性地帶來了莫大的負擔與隱忍（洪武十年元月丁未之條及同年十二月戊申之條）。其中反覆記載了明朝對於高麗國內種種混亂的叱責，以及不斷質疑高麗是否依然與夷狄有所交流；至於高麗最渴求的前國王之請謚（請求中國賜予謚號）及新國王的請襲（請求承認即位），明朝則是不斷地拖延，最後終於點頭，卻提出條件，開出了今後具體的歲貢（每年向中國納貢的金錢與物品）的金額與數量。實際上，為了讓明朝冊封，在明開出具體條件前，高麗就有如「麗使來訪五」中記載的一般，長時間有如「百次參拜」般不斷「懇求」，可以說是受盡委屈地努力（末松保和《高麗朝史與朝鮮朝史》末松保和朝鮮史著作集五／吉川弘文館／一九九六年／一七二～一七三頁）。

然而，明朝開出的條件是如此的嚴苛，也讓人看清了「以禮行事的中華國際秩序」的實態。明的條件內容，包括要求朝鮮今年納貢馬一〇〇〇匹、高麗王朝一半的執政要臣都要親赴明廷（南京）等，完全強人所難的難題。再加上之後每一年，都要納貢金一〇〇斤、銀一萬兩（明初米價，銀一兩約可購得米一〇石，中西註）、良馬一〇〇匹、細布一萬批，此外，對於高麗領內的遼東故民，則表示：「聽聞有數萬人之多，盡速歸還」。若高麗不履行這些條件，明則強調「將無可避免討罪之兵船」。由此可知，近年來日本的部份研究者將「冊封體制」、「朝貢系統」視為重視禮數秩序，本質上是和平的融合志向之看法，其實是不適當的。

最後，高麗花了五年的時間，達成上述的種種歲貢，其中每年「未進（未納）」的份也是年年累積增加，最後多達金五〇〇斤、銀五萬兩、布五萬匹，再加上馬五〇〇〇匹之多。前述的「澶淵之盟」中，宋王朝為了保障中國全土的安全，向契丹支付的年貢為銀一〇萬兩、絹二〇萬匹，其後逃至江南的南宋與女真族的金定下「不侵略」之約，納貢銀二十五萬兩。與此相比，高麗向明支付的年貢，比異族向征服地徵收的貢品還來得嚴苛許多。

實際上，明為了討伐盤踞在北漠的舊元勢力，需要大量的馬匹，在高麗納貢馬五〇〇〇匹後，明又立即向高麗索買了數千馬匹。高麗以「馬匹已不多」為由，並藉稱馬匹品質低劣「無法提供（明朝開出的）等價之馬」，委婉地拒絕了明的要求。對此，明的回應相當地嚴峻，明朝對高麗表示：「自此，斷絕（與明的）往來」，要高麗「自為聲教」。名義上是「自為聲教」，實質上則是直接禁止朝貢之意（末松．前引書／一八四頁）。更讓高麗雪上加霜的，是前章提到的「鐵嶺以北」的高麗領土，明要求歸還予明（《高麗史》卷一三七／辛禑傳十四年二月）。在要求歸還領土的前後期間，明又向高麗要求納貢「處女、秀才及宦官各一〇〇〇、牛馬各一〇〇〇」，此一消息傳遍高麗，將軍崔瑩於是主張：「既然如此，只能起兵出擊（明）」。

實際上，將朝鮮半島的女性作為「貢品」送給中國的軍隊、宮廷、貴族，是自古便有的習慣。高麗元宗十五年（一二七四年），為了包圍佔領了南宋據點襄陽的元軍，高麗送出了婦女一四〇名。這並非進貢，而是「交易」，用婦女一名，交換絹十二匹，共交換了一六四〇匹的官絹（末松・前引書／二七七頁）。其後，整個元代、明代，高麗及李氏王朝都展開了「處女進貢」，不斷地提供婦女、閹者（宦官）、秀才前往中國。特別是此一「處女進貢」的習慣，讓家家戶戶為了躲避家中女性為「處女進貢」而犧牲，紛紛將幼女嫁為人妻，也讓高麗・朝鮮成為幾近病態的早婚社會，也多少讓之後的朝鮮半島社會習慣出現弊害。為了「事大」而付出了如此龐大的成本，這樣的負擔到底該如何正當化呢？這也是「比中華更中華」的極端華化志向，也就是「慕華」的悲哀背景。

然而，這樣的背景卻產生了曲折的華夷意識，之後又與「倭寇」的威脅相連結，也就是「倭奴」觀的形成——對華化程度較低的日本投以強烈地輕蔑意識。將朝鮮半島、日本及中國此東北亞三國之間的關係，放置於千年為單位的橫軸上思考所謂的「歷史觀之馬賽克」，相信便可理解，更為深入、並回溯到更久遠的歷史去考察之必要性了。

被冊封體制扼殺的朝鮮國力

由於恆常地朝貢大量的牛馬給「中華」，使得高麗朝鮮的農業生產力持續低迷，同樣地，大量金銀的流出以及做為代價或回賜的大陸產緞、絹布長期地輸入半島內，也讓朝鮮半島獨自的織品工業及技術發展大幅落後。如此龐大的社會、歷史性成本，累積到近代形成了異常早婚的弊端風俗。為了維持對中華的關係，朝鮮半島背負的「朝貢系統」著實成為龐大的負擔。如此的情況隨著時代更迭一直到後期（李氏）朝鮮與清朝的關係，都依然一貫地持續，維持不變的中朝關係構圖。研究清代朝鮮外交體制的糟谷憲一曾表示如下：

「關於朝貢回賜（中華皇帝給予前來中國朝貢使節的「回禮」金品），中國以『厚往而薄來』為表面之原則，表示對於向中國朝貢（之國）將賜予眾多的回禮，也有許多國家是為了得到這些回禮，因而前來朝貢的（坂野正高《近代中國政治外交史》東京大學出版會／一九七三年／七七及九二頁——糟谷註），這樣的論點也受到廣泛的接納。不過，至少對於清與朝鮮的宗屬關係上，這樣的說明是不相符的。朝鮮背負著沉重的負擔，依然努力地完成藩臣的禮數、義務，或者該說被迫去完成這樣條件」（糟谷憲一「近代性外交體制之創出」／荒野泰典等編《亞洲內的日本史II外交與戰爭》東京大學出版會／一九九二年／二二八頁．括號中為中西輝政註）。

實際上，中朝關係上光是要維持一般的外交關係（朝貢），其龐大經濟負擔就已經讓朝鮮喘不過氣。清朝時期朝鮮派遣至北京的朝貢使，自一六三七年跟一八八一年的二四五年間，共計四九五次，平均每年派遣二次。另一方面，派遣至首爾的清朝敕使，在同一期間則有一六二次。當然地，每一次的使節派遣，都伴隨著極為繁複的接待手續，特別是對朝鮮而言，每一次的貢使派遣、敕使來訪，都是財政上的一大負擔。依據全海宗的研究，以十九世紀的物價換算，朝鮮貢使每次前往北京時上貢的「歲幣」為錢八萬兩、「方物」七〇〇〇或二萬七〇〇〇兩，再加上贈送給沿途經過的中國各地之清朝官吏的「禮單」一萬三〇〇〇～一萬四〇〇〇兩。此外，迎接清敕使來訪時，朝鮮國王贈予敕使的贈給（給予中國人敕使的慰勞金）為錢二萬～四萬兩，敕使沿途行經之地如平安、黃海、京畿各地也都必須贈予敕使銀二萬七〇〇〇兩（等同於錢八萬兩）。接待敕使所需之費用，光是黃海道便多達錢一萬五〇〇〇兩。相對於此，清皇帝贈與朝鮮使節的「回賜」僅只錢一萬八〇〇〇兩左右（全海宗「清代韓中朝貢關係考」《韓中關係史研究》／糟谷．前引論文引用）。在在可以看出，所謂的朝貢系統，對朝鮮而言是承受了來自中國多麼嚴苛的剝削與略奪。

此外，清朝與朝鮮兩國間設有「邊市」，進行各種貿易交易，不過清朝支付的商品金額，總是大大低於正常時價，跟中國做貿易，始終是「對朝鮮而言同等於遭受到清的略奪」（糟谷）。「邊市」形式的清朝略奪，長期以來都由平安、黃海、京畿、咸鏡四道的農民負荷，數百年來成為沉重的負擔。實際上，當時清帝國全體的國庫收入，約略為數千萬兩，多時也不滿一億兩（山本達郎．山口修《亞洲專制帝國》社會思想社／一九七四年／二三一年），因此，外交經費及「略奪」的收入也是相當重要，這也是為什麼「冊封體制」成為扼殺朝鮮國力的重要因素。如此破天荒的龐大負擔，也正是朝鮮的社會經濟環境與其高度文化水準不符，始終處於顯著拙劣局面，讓國家長期停滯的重大文明史因素之一，現代的歷史研究，應當要更加強調這一點才是。

然而，隱忍如此龐大的社會．經濟性負擔，朝鮮各王朝依然努力維持的「冊封體制」，也就是中華國際秩序，真的能保證回饋對等的恩惠嗎？

答案其實相當簡單。不論是否能得到恩惠，對朝鮮而言，已經別無其他的選擇。接連地被契丹、女真、蒙古等「夷狄」支配，接著看到重建的「正統中華」（漢族王朝）明之強盛，為了保障國家的存續，為此目的朝鮮沒有其他的選擇，再加上此時已經根深蒂固的體制意識型態「朝鮮型華夷秩序」之意識，讓朝鮮不曾想過其他任何的可能性。

朝鮮的安全獲得保障了嗎？

不過，在此還是有一項強而有力的「恩惠」存在。那便是「中華」對朝鮮各王朝的政治性認可（冊封），是朝鮮國內正統化權力與支配不可或缺的最大支柱，隨著時代更迭，這樣的傾向也越來越強烈。梶村秀樹在其研究朝鮮幾近過度地向中國強調朝鮮獨自性的論文中提到，在各個時代，「中華」的冊封是「朝鮮社會階級統治」的必要程序，朝鮮藉由與中國保持宗屬關係，來正常化其社會結構，成為意識型態支柱的「恩惠」，其重要性不言可喻（梶村秀樹「朝鮮思想史上與中國的糾葛」《朝鮮史的框架與思想》／研文出版／一九八二年）。

不過，對朝鮮而言，冊封體制原本的恩惠，當然是尋求中國保障其安全，這是無庸置疑的。面對清朝有如「略奪」般的負擔與壓迫，李朝僅是一昧地隱忍，也是因為前章提到的一六三六年二〇萬清軍佔領首爾（丙子之亂）之事件依然記憶猶新之故。換言之，不論是「夷狄」還是「正統中華」，為了消除統治中國大陸之勢力的威脅，「冊封體制」成為一種手段，這才是其最大的意義。特別是清以正統「中華」之姿進入北京後，對這個「中華」依然諸多隱忍，苦往肚裡吞的朝鮮，是因為他們心中的歷史記憶依然猶新，在帶來淒厲慘劇的豐臣秀吉之朝鮮出兵（壬辰·丁酉之倭亂）之時，明末的「中華」派遣了眾多援軍前往半島，擊退了「倭奴」。

如同前章所述，自古以來，朝鮮史中的「華化」、「慕華」或是事大政策之根基之上，總之存在「日本」帶來大片陰霾，此一隱憂在秀吉出兵朝鮮之際（特別是文祿之役，即壬辰倭亂），以相當戲劇化的形式浮現出來，成為半島史上的一大事件。

直到今日，保障宗屬國安全是宗主國＝「中華」的義務，這也是一般對於「冊封體制」、「朝貢系統」，即中華國際秩序的普遍理解。不過歷史的實貌真的是如此嗎？當最忠誠的藩屬國・朝鮮遇上危機時，「中華」的處置方式將是重要的著眼點，而「壬辰倭亂」正好給了我們良好的事例。

10章

中朝「唇齒關係」的本質

圍繞著北朝鮮（朝鮮民主主義人民共和國／譯註：台灣多稱北韓）的情勢依然持續緊迫，一九九三～九四年的「第一次北韓核武危機」、九八年向日本發射了大浦洞導彈、疑似勘察地下核武設施等，多次引發「一觸即發」的緊張情勢，二〇〇二年起，北韓的核武危機再度高漲。本書的原則是不以現狀論作為研究對象，因此也盡量避免過細地談論當下的情勢，不過現今北韓問題引發的種種議論中，始終被置於視野之外的**決定性**因素，也就是「中國的處置方式」，在此需要加以強調。筆者自九三年第一次的核武危機以來，便一直極力說明，不過長期以來日本國內包括政府、媒體的大多數人，依然欠缺此一知識。

在高喊著全球化的現在，以「改革．開發」的旗幟急速走向經濟、社會近代化及國際化的中國，的確是想營造出與不斷引發緊張情勢、愈趨孤立化的金正日及繼承的金正恩體制之北韓「保持距離」的形象，傳遞給國際社會，這也中國基於國家利益，必然的選擇。然而，自古以來中朝的關係，就像是反反覆覆的枕詞（譯註：日本和歌的一種）一般，近期一九五〇年代韓戰爆發，中國軍參戰時更是大肆宣揚，這般「唇齒關係」的歷史結構因素，到了今日就真的能夠視而不見嗎？

以中國為中心延續了二千年的東亞傳統國際秩序之走向，也就是所謂的中華國際秩序，「朝貢」、「冊封」、「服從」、「慰撫」等秩序形式的重要因素之一，便是奠基於儒教觀念的「禮」之運作，除此之外，中國對於周邊的藩屬國，依其「臣服」的程度，又給予了怎樣的實質性的保護及支援呢？特別是當藩屬國或是被冊封國受到外部的攻擊、受到軍事侵略之威脅時，平時君臨於理念性秩序世界的「宗主」中國，被期許了怎樣的支援及保護去確保屬國安全、而中國在現實中又是如何行動的呢？這樣的行為模式雖然被稱為中華國際秩序，也就是「朝貢體制」、「冊封體制」，卻也多少能藉此理解其本質為何。因為所有的階層秩序，都是成立於依「服從」提供「保護」這樣的核心概念之上。在理解這樣的問題後，再來探討十六世紀末豐臣秀吉「出兵朝鮮」時，明與朝鮮關係的實貌，將會是相當重要的嘗試。

歷代中華帝國中最顯著地依循原則上的形式及傳統中華世界觀的明帝國，與所有藩屬國中最忠實臣服於中國的（李氏）朝鮮所建立起的關係，當所有事態中最能以直接形式看到「真實性」的機會來臨，也就是受到外部勢力（日本）攻擊之時，將會顯露出怎樣的本質呢？抱持著這樣的關注，將以「文祿．慶長戰役」來檢視明與朝鮮的關係。

從中朝關係之底層看到的「不信任結構」

豐臣秀吉的朝鮮出兵，也就是「文祿慶長戰役」，做為日本朝鮮關係之焦點，各種研究、敘述已不計無數。不過，在「翻過山頭之後」，現代日本對於專注於明與朝鮮之關係的研究，卻是乏善可陳（依管見整理，李啟煌《文祿．慶長戰役與東亞》臨川書店／一九九七年、或是北島萬次「壬辰倭亂期的朝鮮與明」／荒野等編．前引書、以及同《壬辰倭亂與秀吉・島津・李舜臣》校倉書房二〇〇〇年第四部等，算是近期少數的研究；另外，在歐美倒是意外地對於此一呈現出傳統中國之東亞支配實貌的事件十分有興趣，執行了眾多的研究，像是最近從中國軍事・外交史觀念來闡明的Kenneth M. Swope, A Dragon's Head and a Serpent's Tail: Ming China and the First Great East Asian War, 1591-1598, University of Oklahoma Press, 2009等，以宏大的視野提出了優秀的研究成果）。此外，延續著此一主題進行研究，將會發現戰後（譯註：第二次世界大戰）日本的普遍「日本史」觀點之見解，其實意外地抱持著眾多嚴重的問題。

首先，仔細分析此時明朝與朝鮮關係，對於最初的「文祿戰役」（朝鮮稱為「壬辰倭亂」），是否真的可以無條件地斷定，這是秀吉突如其來、單方面的侵略，還具有商権的餘地。一五九一年，秀吉在京都的聚落第引見朝鮮使節，秀吉的回函「日本國關白秀吉致朝鮮國王閣下（非一般的「殿下」）答書」，其中的內容表明了日本的意圖：

「吾欲假道貴國，超越山海，直入於明，使其四百州盡化我俗，以施王政於億萬斯年，是秀吉宿志也。貴國先歸（日本）入朝，依有遠慮無近憂者乎　遠方小島在海中者，後進輩者不可作容許也。吾入明之日，其（朝鮮國王）率士卒，會軍營，則彌可修隣盟」。意即，秀吉在說服朝鮮使節（不要臣服於明）臣服於日本，並要求對方加入秀吉的明國征戰。負責與朝鮮使節交涉的日本代表僧景轍玄蘇之後又再次向朝鮮傳達秀吉對明出兵之意圖，並要求朝鮮提供對明的「貢路」（即進攻路線），稱「貢路得通，則（朝鮮）必無事」。此外，更提出了鎌倉時代高麗擔任元朝進攻日本的侵略前導部隊一事，追究其責任，並暗示有可能因此出兵朝鮮，「過去，高麗前導元兵攻擊日本，日本欲報此怨，到時請自重」（《朝鮮王朝．宣祖修正實錄》宣祖二十四年閏三月條）。

在此，需要關注的是，即便受到日本如此半脅迫的言語威脅，並不斷被要求參加、協助對明之攻擊，朝鮮依然不曾將此事稟報給明朝。一般分析的理由是，朝鮮宮廷中黨派（派系）鬥爭嚴重，其中的「東人派」堅持不要向明通報。然而實際上真正重要的關鍵是，比起派系上的動機，朝鮮更害怕的是通報後被明朝發現朝鮮暗自與日本交流，處於半臣服的狀態之下，朝鮮宮廷全體都清楚地明白此一道理，因而始終不向明通報。在未獲得明的允許前，與其他國家（更何況是不接受明朝冊封的日本）交流，在中華秩序觀念中，基本上是被禁止的。也因此，自古以來朝鮮半島的各王朝總是害怕讓中國得知自己與日本的交流，忌諱將彼此的關係開誠佈公，其中這樣的傾向又以（李氏）朝鮮時代最為強烈。然而，中國還是隱約得知了此一事實。換言之，即便是最佳模範的中華藩屬國李氏朝鮮時代，中朝之間在這一點上依然互相粉飾、模糊，「不信任的結構」始終潛伏其中。中朝關係，一直以來都被認為是最直接展現出以儒教價值觀為原則的「禮」之秩序，體現了理想的東亞秩序，然而在其內部卻恆常性地存有深層的不信任與猜忌。

不過，在「壬辰倭亂」下，朝鮮所處的困境在當時明朝於東亞全域遍佈的綿密情報收集網之下，顯得相當無意義。即便是史書中留下的情報來源，也可從多處看到，明廷不但掌握了秀吉欲向明發動攻擊的意圖，對於朝鮮使節前往日本，日本要求朝鮮參加對明攻擊一事，也都瞭若指掌。其中特別可信的情報來源，像是滯留於薩摩的福建出身之醫師許儀後、商人陳申等人向明廷稟報；或是來自琉球王朝的可靠情報，都指出此一事實。實際上，歷代的中國王朝都遠超乎我們想像的，一直以來都相當努力地收集日本的各種情報，相當關注日本的動靜，這在中國史上也留下不少痕跡。第六章引用的一六四〇年代朝鮮司諫趙絅的上書，也是一例。此外，據史學家隆納德・托比的研究，日本進入鎖國期之後的一七〇一年左右，記錄顯示清康熙帝收到情報表示日本可能會再度侵略中國，為了獲得更加詳細的情報，甚至派遣了間諜前往長崎（托比・前引書／六九頁）。

不過重要的是，中朝間的「不信任的結構」，與越南對於中國那種根本性的不信任或是對抗心不同，是來自於朝鮮所處的地緣政治宿命，並為了適應此一環境所衍生出來。意即，朝鮮總是在中華帝國「看不見的地方」，與周邊潛在的威脅，如日本等第三國進行交流，並且必須在表面上隱瞞中國。然而，為了維持秩序而形成的中朝間「相互粉飾」模式，卻在面臨文祿戰役之危機時，反而蘊釀出尖銳的緊張關係。

地緣政治的宿命與朝鮮宮廷之猶疑

如同前述，一五九一年（天正十九年、宣祖二三年）三月，帶著豐臣秀吉的答書，黃允吉等朝鮮使節回國之後，朝鮮宮廷花了數個月的時間，議論是否要向明通報此事。之後，恐怕是得知明廷已經由琉球、福建方面掌握了情報，朝鮮宮廷在同年下半年，多次派出使節前往明朝解釋並通報此事。此時的遣明使節在明廷發表的辯解，大可要約為以下幾項（基於北島・前引論文／一三一頁之內容，由中西要約）：

①雖然尚不明確豐臣秀吉征明計劃之真偽，由於事態關係到明廷，因此還是盡速前來回報。

②朝鮮身為明之外藩，受到明的種種恩義，自然應當完成外藩的責務「勦賊之效」（擊滅外敵），然（因力量不足）成效不彰，深感悔恨。

③朝鮮雖然隔東海（日本海）與日本比鄰而居，但僅視日本為倭寇之國，明才是朝鮮自古以來受到有如眷屬般恩顧，擁有緊密關係之國家。

④朝鮮對於秀吉的征明計劃深感痛憤，對於朝鮮將參加此一計劃此等「誣捏不測之言」（空穴來風之搖言），朝鮮國民上下皆感到「扼腕切骨」（悔恨及激憤）。朝鮮視明為「父母之國」，絕不忘明之恩諭。

比起通報，朝鮮明顯將重點放在辯解之上，再加上之前數個月以來朝鮮宮廷內的議論，可以推測，有史料上未記載的「暗處」存在。因為之後不論朝鮮怎麼反覆辯解，明廷依舊抱持著「日朝暗地勾結」的疑慮。若當初朝鮮宮廷以「暗處之管道」與日本串通，並讓秀吉的目標僅鎖定明廷，再將此情報通知於明，應當是較為可能的。以明的猜忌心及優秀的情報能力來看，這也是合理的推論。那麼，極有可能最後將會形成與過去高麗擔任元軍先鋒「征倭嚮導」完全相反（這一次，朝鮮成為日本軍的先導部隊來攻擊明朝）的構圖，此一可能性，比日本史學研究上既有的各種推論，都來得更加可行。無論如何，日中間搖擺不定的中世・近世之朝鮮的境遇，就有如第八章所述，是身為「H」構圖的悲哀。

不過，重要的是，秀吉的朝鮮出兵並非有如既有研究中所述，是完全單方面、對朝鮮有如「青天霹靂」突如其來的。而更重要的則是，另一方面，若明持續抱持的「日・朝勾結」的疑惑其實是毫無根據的，那麼就證明了中華帝國對藩屬國（還是最忠誠的朝鮮）打從心底抱有一種超乎想像的「猜疑的構圖」。本來應當以「禮」為指導原則，體現主張性善的儒教道德哲學的冊封關係及中華國際秩序之核心，其實潛伏著「極度猜疑」的深層本質。實際上，這樣的本質不只是在明朝，從其他的中國王朝對等周邊諸國的態度中也都找到無數類似的例子。

無法化解對「征明先鋒」的疑慮

朝鮮屈服於日本的壓力，成為日本軍的先導隊部「征明先鋒」，對於來自琉球的情報之可信度，明廷一直給予高度的評價，這恐怕是因為相較於其他的情報來源，琉球的情報背後總是有可以佐證的資訊。明朝對此情報的確信，在史料上也留有記錄，也更加證實了以上的推測。不過，一再為了辯解而來訪的朝鮮使節，也為琉球情報的反論提供了論點（《宣祖修正實錄》宣祖二十四年一〇月）。

一五九二年四月，日本軍自釜山登陸約半年前，明廷確認了秀吉對明侵略計劃的真實性，開始加強山東等地沿岸的防禦，另一方面，負責藩屬國事務的明朝禮部進言需要朝鮮的救援，撥了銀二萬兩做為軍費支給朝鮮。然而即便如此，明對朝鮮的疑慮依然沒有消除。九二年二月，明朝兵部向皇帝（神宗萬曆帝）明確地報告，指稱朝鮮欺瞞了明，已承諾要做日本軍的先鋒。於是神宗下令：「派遣密偵，同時為防備朝鮮的進攻，加強明國沿岸之防禦」（《神宗實錄》萬曆二〇年二月）[1]。

1 兵部題倭奴誑嚇諸國謀犯天朝、朝鮮，已具偵報而誣以鄉導之名，此本國君臣所痛憤不與賊俱生者，乞察國王效忠無愧厥祖，令之戮力剿除，亦彼雪恥之一機矣，上曰：倭奴變詐，虛喝春汛，宜加嚴慎，仍諭朝鮮密偵聲息，並督沿邊將吏各守要害，以防不虞。

一五九二年四月十三日，以小西行長宗義智為先鋒的日本軍自釜山登陸，五月初隨著首報，朝鮮向北京的明廷提出了救援請求。明神宗（萬曆帝）立即指示遼東、山東展開防禦。不過就明朝而言，對朝鮮的疑慮依然居高不下，只是一味地探究朝鮮的真意，除了遼東鎮撫，並不打算派兵救援朝鮮。然而此一時期，明．朝鮮關係上最迫在眉睫的問題，在於朝鮮國王的「遼東內附」，也就是請求亡命至中國的問題。針對此一問題，明的態度也是超乎想像的嚴厲。明朝兵部表示「朝鮮，為盤踞東方之世的大國，何以遇到區區倭寇便欲逃之夭夭」，拒絕伸出援手保護朝鮮國王（《宣祖實錄》宣祖二十五年七月）。

此時，明朝對於日本軍的進攻，比起救援朝鮮，明更在意的是如何試探出朝鮮的意圖，著實令人印象深刻。六月，神宗萬曆帝對朝鮮國王（宣祖）表示「命力戰勦賊（倭）」（《神宗實錄》宣祖二〇年六月）。不過，與此同時進行的是，明兵部尚書（陸軍大臣）石星以觀察日本軍動靜為由，派遣了遼東鎮撫使林世祿等人前往朝鮮，不過其真正的目的在於探究「日朝勾結」的實情。

關於這一點，朝鮮也是心知肚名：「遼人不時會煽動或散佈謠言，稱朝鮮與倭一同反叛，假裝做為先鋒。因而（明）先派遣林世祿等人，前往平壤一探究竟」（《宣祖實錄》宣祖二十五年六月）。

就這樣明廷做了多次的探究，兵部更在七月派遣明軍指揮官徐一貫及參將黃應暘前往試探朝鮮是否真的做為先鋒、與日本軍協力，對朝鮮．禮曹判書（同等於明的禮部尚書）斥訓質問，其報告中也充滿了濃濃的猜疑之心。

然而，五月首爾淪陷，平壤也陷入危機，此時明朝終於也無法再拘泥於對朝鮮的疑惑了。六月中旬，由史儒、郭夢徵指揮的明朝大軍渡過鴨綠江大舉進入朝鮮，不過接下來，明與朝鮮之間的合作也依然不順遂。此一階段，兩者最大的衝突因素，一為軍事指揮權的問題，二為給予進駐朝鮮的明兵之給糧、犒勞（慰安、接待）等負擔，以及明兵過度的掠奪行為。

對於此點，朝鮮早就對明兵，特別是遼東兵帶來的危害擔憂不已，更預想：「遼廣人性情頑暴，若天兵（明兵）渡江（鴨綠江）而來蹂躪我國，在浿江（大同江）以西尚未淪陷（於日本軍）前，諸郡便將全數化為赤地（草木不生之荒地）吧」，然而現實果真如同朝鮮的預想，明兵「紀律鬆散……天兵渡江入城，搶掠不斷，人民皆前往山谷走避，城中宛若空城」（《宣祖實錄》宣祖二十五年五、六月各條）。

接待明兵也是讓朝鮮苦不堪言的原因之一。除了食糧、馬秣成為莫大的負擔之外，領議政（朝鮮王朝的宰相）更親赴戰地接待明將，義州的官衙更臨時動員了大量的「衙婢」接待明兵（《宣祖實錄》宣祖二十五年六月各條）。

至於軍事指揮權，同年六月，親自與渡江後的明將戴朝弁（參將）、史儒（遊擊）、郭夢徵（參將）見面的朝鮮國王表示：「一國之存亡，事關大人之進退。貴朝（明朝）的指揮，吾將虛心領受」。然而，對於國王全面服從的姿態，備感危機的朝鮮廷臣還是補充說明，保留了些許的自主權：「天兵與都元帥（朝鮮軍的總司令）合力則可為」，表明欲保留與明朝的共同指揮權。對此，明朝憤慨地表示「無禮」，全軍撤離了北方義州。朝鮮國王只好再次親訪明將，最後，明朝將前述的皇賜金二萬兩賜予朝鮮，表示：「備妥糧料，則我軍將展開進擊」。意即，明朝對於朝鮮提出的共同指揮權之陳情完全不予以考慮，甚至激烈反彈，施加強烈的壓力，最後在確認擁有單獨軍事指揮權後，便將為數不多的二萬兩資金賜予朝鮮，並把糧餉調度的責任全數推給朝鮮（《宣祖實錄》及《宣祖修正實錄》二十五年六月各條）。

提出「冊封體制」此一概念的西嶋定生表示：「當冊封的藩國受到外敵侵略時，中國皇帝有援救的義務。這是自古以來貫徹整個冊封關係的理論」，並指出當豐臣秀吉出兵朝鮮時，明派遣軍隊前往朝鮮，也是基於此一理論（前引書．西嶋《日本歷史的國際環境》二二〇～二二一頁）。然而，這一層「義務」的觀念，在中華秩序中真的是有如「貫徹到底的理論」這般明確的嗎？從歷史的實態看來，這樣的見解略顯空虛。在此浮現的事實是，中華的舉動完全無法讓人感受到「義務」的觀念。所謂的冊封體制，中國真的對藩屬國具有表面上保護的義務嗎？不僅是實貌層面，在理念上也令人保持莫大的疑問。

以藩屬國為「盾」的自我中心性

的確，對於朝鮮禮曹判書．尹根壽的出兵請求，明將．祖承訓回覆：「上國（明）與邦（朝鮮）為唇齒之國，將盡速相救」（《宣祖實錄》宣祖二十五年六月乙卯）。意即，中國與朝鮮是有如「唇齒」般的緊密關係，而宗主國援救藩屬國也是理所當然之事。於此，有二點值得關注的重要問題點，一為如同「唇齒之國」之意涵，中國將救援視為「義務」，是由於宗主國（中國）自身的安全與藩屬國的安危是一體的，也就是明確地視安全保障視具有一體性。另一個要點則是，藩屬國受到外部的威脅時，也同等於影響到了中國自身的安全，從這樣的立場出發，中國開始傾向否定至今一定程度認可的藩屬國之自主性，接著切換為一種中華直接支配的模式。而這二點，才是真正「貫徹到底的理論」，藩屬國終究只是「中國之盾」，這也是傳統的「藩屏確保」之意識。

換言之，為了保障中國才予以救援，而且依照狀況，中國還可以一下子捨棄至今給予藩屬國的一定程度自主性，這才是冊封體制的本質。這種對藩屬國具有直接權力支配可能性的「冊封體制」、「朝貢系統」，才是中華國際秩序中一貫存在的實貌。

時代更迭，清朝晚期的對朝鮮政策，也能看出此一典型。一八七〇年代前，當朝鮮與歐美列強或是日本之間發生外交糾紛，各國政府要求身為宗主國的清國負責時，清國政府總是表示：「朝鮮雖是（清的）屬國，但一切政教禁令皆由該國自主」，或稱「朝鮮為自主之邦」。然而在一八八二年的「壬午軍亂」（日本稱之「壬午之變」），首爾的日本公使館發生放火攻擊事件）之後，為了確保朝鮮，開始走向「強力指導」路線，當日本等列強對朝鮮的影響力愈加增強時，清便派遣了袁世凱前往，轉換為實質的「總督統治」。換言之，中國傳統對於「冊封」的態度，其根基從直接統治到認可大幅的自主性，是一彈性極大的「光譜」（階層化的眾多選擇肢），依照當時的狀況可自由選擇應對，具有一種「通融無礙性」的本質。其核心則以維持中國自身安全為唯一指標，是強烈的自我中心性。

然而，以「禮」為規範的宗主觀念中，為何會內存這般的「通融無礙性」呢？此內存的終極根據何在？這一點，我們可以從毛澤東於一九三九年所著《中國革命與中國共產黨》中以下的一段看出端倪：

「用戰爭打敗了中國之後，帝國主義國家便搶去了中國的許多屬國與一部分領土。日本佔領了朝鮮、台灣、琉球、澎湖群島與旅順，英國佔領了緬甸、不丹、尼泊爾與香港，法國佔領了安南」。

藩屬國也全都是「內地」

以上的言論，是出自毛澤東——近代中國的領導人之口，其中還提到了「琉球」，對於近代、現代息息相關的中國國際秩序觀而言，這都是而要關注的重點。不過，問題點在於，將朝鮮、緬甸、安南等傳統的「朝貢國」或「外藩國」，與旅順、香港、台灣等直接支配地毫無區隔地列舉在一起。意即，在「通融無礙性」的背景下，終極而言，數百年來皆認可其自主性的藩屬國，其實全同等於「內地」，全數視為中國的領土，可謂是一種非國際性的世界觀。

因此，十九世紀末，開化派的朝鮮知識份子俞吉濬（一八五六～一九一四年）嘗試以近代性的方式詮釋對清的從屬之走向，盡可能的主張朝鮮的自主權，以下的論述卻只顯得空虛無奈：

「屬邦對於服事（從屬）之國的政令制度致上最高的敬意，內外諸事務完全沒有自主的權利。另一方面，贈貢國（俞認為朝鮮屬於此類）則是為了免於強大之（鄰）國的侵伐，自知形勢上敵不過對方，因而就算內心真意並不相符，也依然遵守約章，贈送貢物，換得應享的權利即為獨立自主之權利」（「邦國之權利」——日文為中西譯，以下同）。

俞更批判：「（然而）贈貢國與屬國沒有明顯的區分，（單以現象層面來看）只因同為贈貢之關係而被視為同等於屬邦的地位」。

然而，這樣的區別，不論是當時還是自古以來（直到毛澤東），中國都不曾把它看做本質性的因素去思考。只在現實面臨問題時——主要以軍事上的危機為主，受到外部嚴重威脅時，才會開始做出處置。近代的此一「現實時刻」之案例，也僅只於甲午戰爭前的一〇年間或是一九五〇年代的韓戰。後者其實是對朝鮮影響力的角力，俄國、日本、蘇聯的存在及中國本身的衰弱等因素，讓中國僅能侷限地行使對朝鮮的影響力。因此，秀吉出兵朝鮮的案例，從中國傳統對外觀及對朝鮮的認識來看，都是極為重要的事例。

於此，話題再回到十六世紀末的一五九二年六～七月，為了抵抗日本軍而派遣明兵救援，明兵部視為「直抵朝鮮，存屬國，以固門庭」，更稱：「中國的御倭（防禦日本）當於門庭。夫邊鄙中國門庭也。四夷則籬輔（藩屏）。耳聞守在四夷，不聞為四夷守。朝鮮雖忠順，然被兵則慰諭，請兵則赴援，獻俘則頒賞。盡所以待屬國矣」（《神宗實錄》二〇年六、七月各條）。意即，所有的防禦努力之目的，皆是為了維持中國的安全，對於陷入危機的藩屬國，即便是忠順的朝鮮，中國除了精神上的支持，本來就不需要多做任何其他的援助，這二者的區別千萬不可遺忘。

更加清楚說明中國此一觀點的，是在明軍奪還日本軍佔領的平壤不成之後，朝鮮懇求明軍再次展開攻擊，此時明的副總兵．楊紹勳回答如下：

「自古以來，豈有大國為了小國勞動眾多兵馬，遠赴三千里外救援急難之事」

其後楊又補充道：「賊中（日本軍）多善射者，吾不曾聽說，這究竟有何目的。（中略）你國（指朝鮮）自稱禮義之邦，何以護賊做為內應」（《宣祖實錄》二十五年七月）。意即，宗主國除非是遇到自身的危難，不然本來就沒有救援藩屬國的必要，最後又再次提及，懷疑朝鮮是否在背地裡與日本勾結。

朝鮮被剝奪的外交權

雖然僅止於有限的範圍內，平時朝鮮依然享有一定程度的自主性、自律性，然而除了軍事指揮權外，還有一項被明朝以蠻力更加嚴重剝奪的權利，那便是外交權。這從明朝完全不知會朝鮮便直接與日本進行媾和交涉這一點，便可看出典型的案例。

眼看日本強勢的進擊，明為了自身的利害關係，在完全沒有知會朝鮮的情況下，便主動與日本講和，並對秀吉施以懷柔之戰略。根據《兩朝平壤錄》記載，明兵部尚書石星考量：「寧夏（中國西北部）尚未平定，遼左（遼東）亦有事。疲於奔命。鞭長不及馬腹（指明朝雖然擁有莫大的力量，但依然有限度）。越江（跨越鴨綠江）而戰，並非完策」。

換言之，當時北方依然需要防備蒙古之進攻，此時犧牲朝鮮與日本軍談和才是上策。最後，明派遣對日交涉代表沈惟敬前往朝鮮，與著名的小西行長展開了交涉。兩者交涉時，沈指著朝鮮道：「此為天朝（中國）之地，汝等立即退兵」，行長則指向地圖反駁：「此處明明就是朝鮮之地」，對此沈的回答與清朝一直到甲午戰爭前的主張如出一轍：「時常前往迎詔，故多設有宮室，雖為朝鮮之地但仍為上國（明）之界。汝等不可停留於此（地）」（《宣祖修正實錄》宣祖二十五年九月）。對此，行長主張「平壤以北」為（明屬）「朝鮮」，大同江以南則為日本領土。就這樣，在朝鮮完全不知情的情況下，日明兩國已展開分割朝鮮之交涉。

11章

與中華文明抗衡的「北方之壁」

以世界的角度來思考中國的走向時，今後中國將會與「盤踞在北方的勢力」建立起怎樣的關係，這將對於二十一世紀的東亞秩序，具有決定性的影響。

談到近代，那麼便是包括蘇聯在內的「俄羅斯勢力」之關係，至於前近代二千年的歷史中，則是與北邊及西邊的「遊牧帝國」的關係備受矚目。不過在中國的對外關係裡，不論是歷史上還是現代，都再也沒有比理解中國與這些勢力間的關係，來得更困難的事了。近代對於中俄關係的研究，有許多個別的優秀成果，不過對於究竟該如何思考這層關係的基本性特質？又該如何設定其歷史性構圖、文明史意涵？比起中國與西歐諸國的關係、或是亞洲諸國諸民族的關係，與北方勢力的關係明顯讓人「坐如針氈」。

到底為什麼俄國與中國之關係的基本性格，會讓日本人（恐怕連西歐人也是如此）感覺如此特別地「難以看透」呢？此外，二十一世紀的中國與俄國的關係，又為什麼具有如此決定性的重要性？本章將先由中國與北方勢力關係的「歷史結構」來考察，概觀闡明前近代中國與北方遊牧騎馬民族國家的關係及文明史構圖。

「歐亞大陸規模」的衝擊

透過歷史一一檢視中國與其周邊諸國（諸民族）的關係，會發現北方遊牧民族（及其組成的「遊牧帝國」）與中國的關係，比其他任何國家、民族都來得具有能動性且難以捉摸。

遊牧民族本身就具有高度變動性的特質，對於其社會的獨特走向，我們的理解也依舊十分不足。同時，歷史上中國受到「周邊」帶來的衝擊之中，北方遊牧勢力所帶來的巨大衝擊是其他周邊諸國完全無法比擬的程度。

眾所周知，中華帝國二千餘年的歷史中，由秦漢帝國、隋唐帝國、北宋、明兩王朝等「漢族王朝」所統治的時代，約略佔了一半的時間，大約一千二百年左右。此外，自古以來，隋唐兩朝的帝室系譜及統治形態，其實都顯著地帶有「北狄」的要素。在這些漢族王朝之間，則存在「五胡十六國」或是「南北朝」時代、「五代十國」等長期的南北分裂，此時中華的中心地帶（中原）大都是納入北方遊牧（或狩獵）民族的統治之下。再者，北宋之後直到清末為止約一千年間，包含滿洲女真族的北方異族統治期間其實超過了一半以上。從政治、軍事上，以及部份文化上來看，這一千年來的中華帝國，可以說是「北方異族與漢族的融合國家」。

但是，這樣的見解出現了「中華文明史觀」的反駁。他們的看法是，即便處於長期的北方異族統治之下，「文明的中華」依然貫徹其中不曾間斷，這些統治者異族，最後也都中華化了。此見解是否恰當，還需要依照個別的案例一一深入考察才能定論，不過還有比這個更重要的問題。

如同前述，在漫長的北方勢力統治中國時代裡，透過與中華文明的相互交流，中國文明全體展現出根本上的變遷，特別是在生活文化、社會體系上，直到今日幾乎已經融合到無法區分出來的程度，如此深度的「北方化」之影響，應該要受到更多的重視。再者，以北部中國為中心的漢族本身的人種．語言．感受性等基盤性的歷史要素，在「北方（即北狄）血緣之注入」下，中國文明的核心要素產生變質，所代表的文明性意義之重大，必須明確地確立於我們的中國觀中。

當然，歷史基盤、基層文化的影響，始終都是相互作用的，特別是對北方蒙古國（Mongolia）、東北方的滿洲（Manchuria）而言，「漢族」、「中華文明」等南方而來的巨大影響，也是需要關注的重點。不過在此，需要特別強調的是，自北方為「中國本土」帶來的文化上、政治上衝擊，始終都是「歐亞大陸規模」。

中國史上的「北方」，指的是東自大興安嶺東麓的滿洲平原至戈壁沙漠南北的廣大草原地帶（內蒙古及外蒙古），再加上西方經阿爾泰山脈至今日的「新疆維吾爾自治區」，也就是東突厥斯坦地區至帕米爾高原之地，時而超過錫爾河、媯水兩河流域，包含了西突厥斯坦（今日的哈薩克、烏茲別克等中亞地區）的廣大乾燥地帶，可以說是幾乎包含了「內陸歐亞」全域。此一廣大的區域，若以經度來換算，共從東經六〇度到一二〇度，橫跨了數千哩。

若以地理來說，這片土地位於「中國本土」的北方及西方，不過整個草原地帶，以地勢來說是「相連一體」的土地，自古以來便是遊牧民族自由往來的「開放空間」。歷史上，這一廣大地帶有時自蒙古高原興起強而有力的遊牧部族，以此為中心組合成廣泛的政治連合體，甚至超越了突厥・蒙古系譜民族之界線不斷出現；有時則是建立起包含了阿爾泰以西、天山以南及帕米爾以南的大帝國。此一「遊牧騎馬民族」帝國，同時涵蓋了今日的「絲路」——天山北路、天山南路及費爾干納盆地至撒馬爾罕、興都庫什以南的「前往印度之路」，並將沿路的綠洲都市、東西貿易路線，也都納入統治之下；有時則是透過伊朗高原的東北端，與西亞的東方（Orient）世界比鄰而居，成為世界規模的帝國。換言之，此時，來自北方與西方雙方巨大規模的世界團團包圍住了中華世界，在軍事力及先進的經濟力上都一時地超越了中華帝國，取得壓倒性的優勢，並具備有豐富的文明，這樣的「內陸帝國」在歷史中反覆地出現。

因此，這股勢力與中華帝國產生紛爭時，不只是在內蒙古、華北地區，「中國本土」以西的地域，也就是黃河最上流以西的祁連山脈北麓至天山的「河西走廊」及更西方——在中國史上稱為「西域」之地，也不時成為兩勢力角力的歸結點。

作為「文明之壁」的北方遊牧勢力

不過，對中華世界而言，「西」與「北」連成一體所代表的重大意義，並不只是力量層次上的問題，其中還包括了「中華」的存亡問題，也就是與「文明的優位性」息息相關。與西亞・東方（Orient）地帶相連的內陸歐亞勢力，自從與中華世界初期的秦漢帝國對峙之「匈奴帝國」以來，與其他中華周邊諸民族相比，這股北方勢力在文明上對中華抱持的複雜情結特別微弱，也許是因為他們更直接地接收到自西方傳來，比中華文明更具有普遍性的世界「文明之光」的緣故。

這一點上，越南北部以外的東南亞地域，也一樣接收了印度文明的世界之光，對於與中華帝國的關係及文明上的情結，也少有煩惱，對中關係多以實務性、戰略性為考量，與北方勢力較為類似。或許該說，這一層意義才是真正重大的。就如同佛教自西域傳入中國，恐怕在更久遠的過去，中國在形塑自身文明時，許多的要素其實都是源自西方的，而這種說法其實也是來自於中華文明本身，以「西方之光」作為文明骨架之故。

中華文明的「東方（Orient）起源說」自古以來就真偽混淆不明、諸多議論，實際上漢代以前，中國與東方世界的關連依然沒有定論。不過自春秋到戰國時期，鐵器傳入中國，正是「自西方而來的文明之光」之例，天文學、占星術、曆學及醫學等，也都是以漢代為中心，接收了西方文明並紮根於中國，經過一定程度的中國化之後，再散播至日本在內的東亞一帶。若要舉例說明中華文明與其他東亞不同，在相當早期就已「西化」，那麼「椅子的文化」會是很好的例子。古代的漢族與現今的日本人一樣，是屈膝「正座」於地的，在漢末自西方傳入「胡床」，讓生活方式大大的改變，成為跟西方人一樣坐在椅子生活，南北朝（五～六世紀）之後中國人已經無法習慣正座了。

害怕「胡化」喪失「華化」的中華

如此看來，便可理解「北方」對中華世界帶有如何重大的意義。統一了北方蒙古高原的遊牧民族勢力早早就與「西方」——東方．地中海世界相連創出大帝國，中華在文明上的感化力、對「周邊」的優越性，在此都無法發揮。比起其他周邊諸民族，對中華而言，北方無疑是最為頭痛的一支。再者，如同前述，在更久遠前的時代，「北方」與「中華」在深度基層文化上享有共同的根源，因此當「北方」在政治、軍事勢力上凌駕於「中華」上時，中華文明擔憂的不是如何「華化」，反倒是害怕漢族被「胡化」，這也是促成「華夷思想」背後的一大因素。

換言之，中華思想的核心「華夷思想」，是為了持續與來自北方遊牧民族的政治．軍事壓力對抗而創造出的一套精神上的「武裝論理」。原本期望能藉由中華文明之普遍性傳播力向西方擴散，卻發現自己的浸透力（即華化）在北方起不了作用，在文明層面上也是無功再返，對中華而言，這一面頑強的「文明之壁」成為中華的一種挫折，也反映在「華夷思想」中不時出現的近乎病態的排外性上。特別是以黃河流域為中心的中國北部各地，因遊牧民族周期性地南下，伴隨而來的異族統治，或是就算漢族對北方的統治已趨於穩固之時，也不時反覆出現漢族間的「胡化」（北方非漢族的文化取代了漢人文化），讓中華基於強烈民族意識而產生威脅感，這也對「華夷思想」的性格造成了決定性的影響，是需要一再強調的重大要點。

一一細讀中國各王朝正史列傳中記錄的北方遊牧民族之敘述，會發現較其他「四夷」（周邊諸民族）的敘述來得更為詳盡，有時甚至會看到不符合正史應有的筆觸，帶有情緒性、或是歷史性偏見的描述。此種傾向在「華夷思想」趨於「完成」的宋代之後，顯得更加強烈，到了明代可以說是過度了。其中代表性的事例便是後述的明末清初之史學家王夫之（船山）所著的《讀通鑑論》中「華夷防衛論」各節。其中談論了中華王朝的北方戰略，卻展露出了完全脫逸出儒教道德命題及戰略論中不可或缺的合理性思考的激動情緒，反覆出現對北方遊牧民族的反感與偏見。在第一章也有提到，內藤湖南認為「華夷思想」中包含了「種族的概念」，十九世紀後半，遭到西歐勢力侵略的中國，在對外觀上產生了變化，他評論如下。因湖南的這段言論，帶有極為重要的意涵，因此在此再次引用：

「支那這個國家，不僅限於此（清末），只要與外國的戰爭戰敗了，總是不時地興起種族的概念。久遠以前，宋被蒙古殲滅之時，這樣的概念相當地強烈，讓他們奮戰到了最後一刻。……明即將被現今的清朝滅亡時，也是依照這樣的思維戰鬥到最後。於是，每當遭受外國的侵略、敗北，便興起種族概念，等到自己強盛了，就如同船過水無痕忘得一乾二淨，立刻又回到中國就代表天下的思維模式」（內藤．前引書）。

不變的機制

在此有二個重點，一是會讓「中華」興起「種族概念」的嚴重外部侵略，史上除了近代的西歐勢力外，就是北方遊牧世界（包含滿洲女真族）了。二是中國對外思想中，當來自外部的威脅感倍增時，以「禮」觀念為中心的普遍主義之「天下思想」、儒教的道德命題便會瞬間後退，包含了一種「不變的機制」。

的確，近代西歐的壓迫，在威脅感之中帶有以近代技術為中心的各種文明衝突，也佔了極大的位置，而「北方」給予「中華」的威脅感中，則不具有這樣的文明情結。中華感受到的，是「北方勢力」除非夾帶強大軍事力「進入中原」掌握住中國的統治權，不然絕不輕易承認或接納中華文明的優越性，是一種「文明上的無力感」，這也是綜觀歷史一貫存在的特性。

也就是說，「北方」對中華而言，不只是在力量上，在文明上也時常無法取得「對等」的地位。最後，北方勢力與近代的西歐一樣，都是超越了「亞洲」的勢力，是比「中華」來得更具備普遍性，更能展現出「歐亞」的勢力。這與北方勢力基層文化中的西方性，甚至

「東方（orient）」元素，都較中華更與普遍性世界文明之系譜直接連結，也是一大因素。

此外，北方勢力活動的歐亞大陸為乾燥的大草原（steppe）地區，如同前述是具有「連成一體」的「地利」，在近代大航海成為主流前，一直都是世界文明史的「主要幹道」。這一點從草原世界的文字上也可以看出端倪，滿洲文字、蒙古文字來自於從橫書變化為直書的維吾爾文字，而維吾爾文字則是由活躍於歐亞大陸中央地帶的維吾爾族及粟特族商人依據伊朗系統的粟特文字所創造；粟特文字則是受到波斯世界在西元前由地中海交易商阿拉姆人發明的阿拉姆文字之影響。

這一連串由東方・伊朗高原經過中亞進入蒙古高原・滿洲平原的歷史「文明圈」，其內在是相連在一起的，這對中華文明而言，只要望向北・西方，就會意識到這一面與自身文明影響力抗衡的沉重「高牆」之存在。不只是文字，儒教、中國佛教無法滲透至「北方」也是一例。萬里長城不只是是軍事上的意涵，在精神文明上，也代表了中華親自劃下了界限，成為一種具體的表象。

坐立難安的鄰國對等關係

「中華」與「北方」的關係，在基底上不論是力量還是文明，都具有本質上的對等性，直到近代初期，新登場的北方勢力俄羅斯與中國的關係，也依然呈現同樣的特性。實際上，始自匈奴與漢，中華與北方公認的「鄰敵」（中華的對等者，漢如此認定匈奴的地位）關係，到近代初期中華帝國（清朝）第一個簽下的平等條約——與帝政俄羅斯的「尼布楚條約」（一六八九年），再到之後的中俄關係，貫徹北方與中華關係的歷史之基本主軸，便是「鄰敵」、文明上的「對等關係」及「文明之相互不滲透」之構圖。

再者，如前述秦始皇「萬里長城」之象徵，中華其實自始便已放棄對北方強調自己代表普遍世界的主張，因而建造了「長城」，自己主動標示出中華文明感化力及自我的界限。在這條界限上，代表的是「文明之相互不滲透」性，在此看不到「文明體系」而是與其他周邊諸國從未出現過的純粹「力量體系」，即露骨的權力關係，是極為乾脆的「戰略性對峙」結構，這從與匈奴的關係，一直到近代與俄國的關係，都不曾改變。換言之，「與鄰國的對等性」，這才是對「中華」而言，最「如坐針氈」的周邊世界關係。

「中華」與「北方」的關係，與其他周邊諸國．諸民族之關係相比，帶有明顯地異質性，其因素主要可分析如下。第一，有如「萬里長城」標示出的界線，「中華」與「北方」分別為農耕社會與遊牧、狩獵社會，在基本上的生態形式便有所不同，兩者的對峙關係有如沿著歐亞大陸規模的生態性文明之分歧線所分佈。中華與周邊的關係，除了「北方」勢力與西藏外，基本上幾乎皆同為農耕社會，如此想來，中華與北方關係的特殊性自然是一目瞭然。第二，與其他周邊勢力相異的「北方」，在受到中華文明的影響前，便已先接收了西方古代東方（orient）文明的基本要素，與「中華」之間的「文明對等性」早已抵定。而北方的這些文明要素，較東南亞的印度要素來得更具有西方性，是更物質主義式、更具有能動性的，這也是需要關注的要點。

第三，當然還是其騎馬戰鬥力打造出的突出軍事優勢，「北方」勢力在西元前數世紀之後，一直到近代兵器成為主流的近代初期為止，約二千年來都始終保有此一優勢。當然，當中華帝國強盛時，此一優勢多少顯得較不突出，不過其熟練的騎馬戰力之兵力、優秀的兵站後勤層面依然都是無庸致疑，加上地形上的特質，北方遊牧世界得以完成廣泛政治統一，並發揮大規模的軍事動員力，讓「中華」始終處於弱勢的一方。然而第四點，北方勢力因其遊牧國家的特性，總是存有部族間分裂的可能性，即便一時之間出現了強大的政治連合體，創造出「遊牧帝國」，卻常在短時間內爆發內部分裂而瓦解。

因此，只要一旦出現強大的北方勢力，「中華」便向對方進行分化、斷絕的秘密手段以破壞其整體勢力，此一謀略手段已是對北方政策的核心，也是既定模式，也因此兩者的關係始終難以走向穩定，彼此間強烈的不信任構圖，是北方與中華關係的特徵。此外，由於遊牧・狩獵經濟之自足性較低，必須大幅依靠南方農耕社會的產物及商品，北方勢力的半強迫式交易及掠奪，也影響了兩者間的關係。不過遊牧・狩獵社會的經濟政治上的脆弱，在一〇世紀後出現的「遊牧帝國」契丹、元（蒙古）帝國中，已經大幅改善。

然而，最後必須提出來特別說明的，是元朝時以北方勢力之角度記錄與中華關係的史料，較其他周邊亞洲諸國，明顯少了許多。因此不得已，研究時必定只能多數參考中華執筆的史料了。而如同前述，中國史書中，從名稱上的「匈奴」、「鮮卑」、「蠕蠕」就可看出對「北方」具有特別地歧視與偏見，這也是在閱讀時需要先理解的部份。換言之，「北方」正是形成史書中這等記述方式，形塑出「華夷思想」排他性的獨特源頭。由此看來，「北方」造成了中華文明強烈的內在影響。接下來，就要從「中華」與「北方」宿命式的邂逅，具體地檢視歷史上的發展。

「中華」與「北方」宿命的邂逅

為中華歷史帶來莫大影響的北方勢力之「遊牧帝國」，約每隔二～三世紀至數世紀，便會以蒙古高原為中心登場於歷史上。像是西元前三世紀的匈奴帝國、二世紀之後的鮮卑、六～七世紀的突厥、七～八世紀的維吾爾（回紇）、一〇～十二世紀的契丹（遼帝國）及十三～十四世紀的蒙古帝國。這些帝國雖然名稱各異，不過其實始終都是北方阿爾泰系的突厥．蒙古系統的諸民族，當某部族成功整合了北方草原地帶的其他部族，形成政治連合體時，便會產生讓「中華」備感威脅的一大遊牧帝國。

秦始皇統一「中國本土」，讓中華帝國首次問世時，北方早已接收了古代東方（orient）

文明之影響，率先創建了國家形式的「匈奴帝國」，秦不得不與之展開對峙。秦始皇稱「外攘四夷」（《史記》），於西元前二一五年，派將軍蒙恬率三〇萬大軍進攻內蒙古的鄂爾多斯地區，驅逐匈奴勢力，接著自遼東至陰山山脈（戈壁沙漠南方）建造起萬里長城。如同前述，「中華」其實打從一開始，對「北方」就只能保持著明確的自我界限進行對峙。然而，在秦末漢初的動亂時期，在北方的匈奴更加的強大，其首長冒頓單于（單于為遊牧國家的君主稱號）於蒙古高原創建了遊牧民族的大一統帝國，其最大版圖直至帕米爾高原，統治範圍相當廣大。

西元前二〇〇年，漢高祖劉邦親自率領大軍出擊匈奴，卻在平城（今山西省大同市）附近的白登山遭匈奴軍重重包圍，在與匈奴「交涉」後才艱辛地逃回長安。此時漢不得不做出以下如此大的讓步，與匈奴簽訂的和約：①漢將公主（漢帝室之皇女）嫁為閼氏（匈奴單于之妃）。②漢皇帝與單于起誓立訂互為「兄弟」關係之盟約（匈奴為兄，意即承認匈奴位居上位）。③每年向匈奴獻上一定數量的絮、繒（絹）、米、酒。④開通關市，即為了讓匈奴能購得所需物資而開始國境貿易。換言之，從這一次的交手開始，「中華」由於「北方」感受到了臣服的屈辱。這份屈辱感，一直到一八〇〇年後，都依然呈現於王夫之撰寫的「華夷防衛論」之開頭。王夫之對於漢高祖對匈奴的和親（實際上為臣服），批判如下：

「中國夷狄之禍始自冒頓……一心之求能免眼前之禍，而造成千古之禍之開端，高帝

（漢高祖）的苟且偷安欺人太甚」（日文譯文引自後藤等編．前引書）。

此外，將漢朝公主嫁為匈奴妃子一事，即便經過了一八〇〇年的歲月，王夫之依然無法壓抑筆下強烈的批判之意。他提到漢高祖要臣劉（婁）敬的諫言：「遣女嫁匈奴，生子必為太子，諭以禮節，無敢抗禮，而漸以稱臣」，認為劉以孟子的「以為用夏而變夷」（以中華之德感化夷狄之意。取自《孟子》滕文公上篇）為主張，是「只為一時的利害而矇蔽了雙眼」。接著王又以帶有輕蔑及恐懼的筆觸交錯展開記述如下，這是在面對力量遠遠凌駕於自己之上的對手時，總是不自禁地進行道義上、文化上批判的「華夷思想」曲折的本質：

「匈奴之有餘者，猛悍也；其不足者，智巧也。非但其天性然，其習然也。性受於所生之氣，習成於幼弱之時。天子以女配夷，臣民狃而不以為辱，夷且往來於內地，而內地之女子婦于胡者多矣。胡雛雜母之氣，而狎其言語，駤戾如其父，慧巧如其母，益其所不足以佐其所有餘。故劉淵、石勒、高歡、宇文黑獺（宇文泰）之流，其狡猾乃凌（曹）操、（司馬）懿而駕其上。則禮節者，徒以長其文奸之具，因以屈中國而臣之也有餘，而遑臣中國哉」（日文譯文出自前引書）。

劉淵、石勒、高歡、宇文泰都是擁有部份漢族血統，在「五胡十六國．南北朝時代」統治中原的突厥・蒙古系統的騎馬民族國家之霸者。王夫之認為，他們之所以可以蹂躪中華的中心地帶，都是因為五~七世紀前，漢高祖的通婚政策所引發的災害。

實際上，王夫之依據的參考著作為司馬光的《資治通鑑》（一〇八六年），早在王夫之下筆的六百年前，馬司光便已記述：「夫骨肉之恩，尊卑之敘，唯仁義之人為能知之；奈何欲以此服冒頓哉」（《通鑑》論贊）。實際上，儒教倫理的核心，甚至可以說是因由「北方」的壓力形塑而來的。

12 章

中國能超越「西歐的衝擊」嗎？

至前章為止，透過近代以前的漫長時代，從各個角度檢視了中國與國際社會的各種連結。自本章起，終於要將目光轉回現代。進入近代後，中國與西歐為首的各外部世界展開了嶄新的關係，在今日又代表了怎樣的意義，將試著一一分析。其中，中國最主要的對外關係，也就是中心主題，當然便是與歐美各國的關係了。

如同第一章所見，讓中國進入「近代」的鴉片戰爭，其實便是中國與「盎格魯－撒克遜世界霸權國」之英國開始產生關係，極為戲劇化的「與西歐的邂逅」。直到今日，二十一世紀的中國與國際社會關係之最大焦點，依然是與「盎格魯－撒克遜世界霸權國」美國的關係。這麼看來，「近代（及現代）中國的宿命」也逐漸清晰了起來。

實際上，在這一五〇年來，如同字面上「世界合而為一」的潮流，以前所未有的速度不斷地進行中。其中「主導」了包含與中國關係在內的「欲合而為一的世界」秩序的，正是大英帝國及美利堅合眾國等英語文明諸國。甚至可以說，這一五〇年間，世界都是在「盎格魯－美利堅治世」這一個本質上相連為一體的秩序體系中反覆變動。至少可以確定的是，這一五〇年來，中國被迫以全新的方式對應新的世界，並為了適應而苦不堪言，其原因便在於與英美、俄羅斯等歐洲諸國的關係，在於「近代西歐」這一個全然異質的文明及世界史規模的歷史潮流之出現。

美國著名的中國史學者費正清將十九世紀登場的西歐勢力及其文明對中國造成的巨大影響，概念化為「西方衝擊（Western Impact）」。在此之前，一直都沉浸在「無知的沉睡」中的封建帝國．中國，直到面臨了此一衝擊，才開始反覆掙扎於適應與不適應之間，嘗試從中掌握住中國近代史的方向。不過，若僅以中國單方面被動性的視角來考察中國近代，的確也是有所不妥。只是，唯一確定的是，即便從更宏觀的角度來看，若不談「列強」與「西歐近代」帶來的衝擊，還是無法理解二十一世紀中國與國際社會的連結及展望的。

中國面臨了具有「力量」的歐美列強，以及「文明」上的西歐近代，雙重的衝擊究竟讓中國產生了怎樣的變化？以下三章將從此一角度來考察中國與歐美、亞洲以及日本的連結。

「西方衝擊」的三個要素

費正清提出的「西方衝擊」之意義，可整理成以下三大要素。第一，這也是「近代國際政治」之衝擊。理念上擁有對等主權的各個國家，各自獨立、對峙，並以相互同盟或戰爭為手段，確保自身的國家利益與安全，也就是中國被迫參與了此一恆常性的「國際體系」。這不但是中華帝國二千年歷史中未曾出現過的對外關係構圖，更讓中國面臨必須放棄自身世界觀及文明認同，也就是中國文明中「天下國家」，認為除了自身以外所有其他國家皆為屬國、或是未來不會產生關連的「夷狄」的觀念。

第二，鴉片戰爭向中國宣告了「西歐近代」的來臨，也讓中國強制性地被捲入奠基於近代技術及工廠制生產之工業革命所產生的近代資本主義裡，身陷於世界性活動的海洋貿易之全球性體系當中。

實際上，鴉片戰爭爆發前五〇年的一七九三年，派遣至大清帝國的英國「馬戛爾尼使節團」，向乾隆帝要求開啟並擴大兩國間的正式貿易。然而乾隆則回覆馬戛爾尼使節，表示中國為「地大物博」之地，完全不需要英國的任何製品，將使節「趕了回去」，這也造成了鴉片戰爭的遠因。當時，對於抱持著西歐國際體系理念，以對等國家代表的立場交涉的英國使節，清朝卻不認可除了「朝貢者」以外的任何外國使節，兩者之間的國際秩序觀，在根本上就是相互對立的，彼此的種種差異也都透過詳細且生動的事例被記錄了下來（英國方面所著之記錄可參見馬戛爾尼《中國訪問使節日記》平凡社／一九七五年；近年又發現了許多清朝方面關於馬戛爾尼使節團的秘密報告文件，也可一同參考做綜合性的考察，如Alain Peyrefitte, L' Empire Immobile ou Le Choc des Mondes, Paris, Fayard, 1989就相當地有意思）。換言之，鴉片戰爭的真正原因便是在此（與馬戛爾尼使節的對峙），至少以英國而言，其目的不是在於「鴉片貿易」本身，而是對中華性世界觀及其秩序做出根本性「抗議」。

接著，英國人在此一抗議後五〇年，以奠基於近代技術的軍事力讓中國簽下了南京條約（一八四二年），要求中華帝國接受本質上對等的國際關係，對中國而言這是無庸置疑的「衝擊」。此二項「衝擊」，讓中國不得不面對這本質上無法切割的「文明的挑戰」，甚至也是二〇世紀中國產生一連串「中國革命」的決定性根源。中國總是依然保有想要恢復「失去的世界」之衝動，也因此才有能量產生如此大規模的中國革命（一九一一～四九年）。近年鄧小平時代開始嘗試的「改革開放」也是面對此「文明的挑戰」，所做出的「中國式對應」之一。

第三，是中國最困難的「文明的挑戰」，那便是較中華價值觀更具有普遍主義性質的近代（西歐）式合理主義及個人主義式進步主義價值觀及生活體系帶來的衝擊，甚至動搖到了儒教道德為中心的「中華普遍主義」價值觀的根基。若將這點視為第三項「衝擊」，那麼在冷戰後世界性民主化的洪流中，被迫走上二〇世紀「中國革命」清算的今日中國，依然處在強烈的「西方衝擊」中。

無論如何，在過去的一世紀左右，近代中國的知識份子、領導人面對這三項嚴厲的「西方衝擊」時，各自選擇了截然不同的姿態，摸索去對應、對峙，或對決，這也成為了近代中國史的主要主軸。

當我們如此考察近代中國與外部世界的連結時，不論是對這些三項衝擊各自的反應，還是整體視為一大衝擊所做的行動，中國的對應、對峙、對決之中，中國本身是如何看待「近代」的？這一點，是需要關注的重點。不過，基於本書的主題「中國與國際秩序」，首先要針對第一項衝擊「國際體系的挑戰」，做更直接的檢視。再者，這一點也是日本面對二十一世紀的中國走向，最需要關心的要點。

至於第二、第三項衝擊，是中國至今不斷對應，今後也將繼續面對的，其主要的對應模式已大致清晰；然而第一項衝擊的領域，卻在本質上就顯得相當不透明，同時在周邊的世界中也還含有莫大的因素。實際上，一下子脫離了之前一直延續到毛澤東時代的傳統中國世界經濟的孤立，如今國民總生產的三分之一仰賴對外貿易的中國，在「改革開放」的口號下，打算以不再伴隨著「外國殖民統治」風險的「世界標準（global standard）」之外資導入，達成經濟結構急速地現代化。對於第二項「近代資本主義經濟的衝擊」已經做出超越歷史性「不歸路」的對應方式。

此外，天安門事件發生二〇餘年後的今日，中國依然難以再次燃起「共產黨獨裁」之理念性活力，處於微妙的國內政治動向，也證明了伴隨著巨大疼痛的「西歐型民主化」潮流，對中國而言或早或晚都是無可避免的必經之路。意即，現在已不是「假如」，而是「何時」的問題了。的確，在「文明的挑戰與應戰」上價值觀的相剋，是無法單靠政治制度的民主化達成根本性的克服解決的。不過，「文明衝突」的時代，對西歐式價值之處置問題，並不僅是中國獨自面臨的問題，約略而言，任何非西歐圈的社會，各自擁有狀況相異卻同樣必須正視的問題。

適應「國際理論」之課題

不過，也是有僅只於中國面臨的問題，也是今日我們需要特別關注的內容，那便是在與國際關係、近代國際秩序的連結中，中國的「近代化」內涵及今後的走向。為了能深入地考察此一問題，在前面章節以前，才會不斷此針對前近代的中國國際關係進行檢視，也就是說，中國與東亞其他周邊諸國建立起的歷史性關係（前章以前稱之為「冊封關係」或「朝貢關係」）中，雖然日本、越南等周邊國不論是明示或是潛在的，對中國都始終抱持著「對等」的意識，然而中國卻從本質上從不承認曾有過以對等關係為基軸的經驗存在。

當然，前近代的各個時代中，周邊各國也有不少案例，各自以本國為中心，存有根深蒂固的「小中華」意識。像是日本自古以來，至少在中世及近世的一千年以來，都認為自己是與中國對等的「鄰國」，而朝鮮則是自己的「屬國」，以此意識與周邊進行交涉（或無交涉）。而越南（安南）將占婆、柬埔寨視為向自己「朝貢」的夷狄國家，在國內更稱君主為「大越皇帝」，堅持與「北方皇帝」＝中華帝國是對等關係之虛構（或寫實）的故事。再者，如同前章所述，北方遊牧勢力在政治上、文化上與中國對等的意識，又更是明瞭了。

這些中國的周邊諸國諸民族，早在近代以前，就開始對外抱持著某種「對等」的意識，與階級化的國內社會相異，而是自己建構了一套「國際社會」或「國際政治」系統。當然，這與俗稱的「威斯特發利亞體制」之近代（西歐）式國際政治體系相去甚遠，不過比起無法超越現實認識、建構出理念上與外部勢力對等的中國來說，周邊諸國抱持的對外意識與國際社會觀已經包含了些許近代（西歐）式國際關係觀，在本質上也具有相當的親和性。這一點上，包含日本在內的中國周邊亞洲諸國，在理念上比中國更加順利且無痛地接受了第一項的

「西方衝擊」之國際秩序觀的近代化，正是這個緣故。

同樣地，歐洲文明史的脈絡中，受到支配整個中世紀時期的基督教及羅馬普遍帝國理念影響較深的法國、神聖羅馬帝國（德意志諸勢力）始終拘泥於中世紀的正統觀念直到近世初期，相對地，普遍而言西歐的周邊勢力，反倒較德法等「正統」觀念來得自由，像是英國、葡萄牙，某種程度而言西班牙也可算在內，這些國家捷足先登走向了國際政治觀的近代化，成為主權國家，也孕育出成熟的國家利益觀，兩者呈現出宛如相似的走向。

另一方面，亞洲的中國周邊諸國，與中國一樣屬於非歐洲圈，在面對前述的第二、第三項「西歐的衝擊」時，和中國同樣遇到了本質上的困難。不過在面對並適應第一項衝擊「以對等的國家進行國際關係」之「國際理論」時，近代中國與其他東亞諸國就顯露出本質上的差異，也為此背負了沉重的課題。

的確，如同多數中國史學家的論點，中國的歷史經驗中，也是經歷過春秋・戰國時代等「列國對峙」，或是《三國志》中描述的魏蜀吳「三國鼎立」等相互對等的「角力中國」之構圖。而這些歷史經驗也透過《春秋左氏傳》、《戰國策》、《三國演義》等書籍著作，在後世中國人的心中佔有了一定的地位。此外，中國也曾經歷在北宋南宋時期（一〇～十三世紀），中國受到契丹（遼）、西夏、金、元等周邊力量強大的異族國家壓迫，被迫實行「臣服之禮」，為了維持自身的安全，只能放棄中華的矜持。「向夷狄朝貢的中國」這份經驗，比不得已地接納近代國際關係之對等概念還來得更加痛苦，也深深地刻劃在中國史當中了。

然而，做為宋代受到挫折的「中華理念」之反動，明朝之後的「近世華夷思想」出現了特殊的排外性及過度的獨尊意識，也就是今日所說的「中華思想」。這些中華世界觀中的「特殊歷史經驗」，在後世中國人的心中、以及中華文明的傳統中，是具有怎樣的地位，當其後「近代西歐」來臨時，又扮演了怎樣的角色？我們必須要依照歷史上的具體發展，來仔細考察。

失去朝鮮與中華世界的消滅

一七五七年，普拉西戰役後英國取得了印度的統治權，與大航海時代的西班牙、葡萄牙不同，亞洲之地首次出現了足以正面否定中華帝國普遍性權威的「近代西歐」代表勢力。

清乾隆帝在馬戛爾尼使節來訪中國前，就已知曉英國侵略印度一事，也感受到中國也可能遭受與印度相同的命運。其實，馬戛爾尼使節團可以說是來通知中國與乾隆，這一個擴大化的「世界體系」已經完成的「近代西歐」使者。

率領使節團的大使馬戛爾尼（George Macartney，一七三七～一八〇六年），與預言超越羅馬的真正世界大國——近代大英帝國即將誕生，寫下《羅馬帝國衰亡史》的愛德華・吉朋（Edward Gibbon）、亞當・史密斯（Adam Smith）及「功利主義哲學」的傑瑞米・邊沁（Jeremy

Bentham）身處同個時代，他們都是享受著知性交遊的近代文化人。早在一七六〇年代，便已戰勝可謂是第一場世界戰爭「七年戰爭」的英國，幾乎已將南北美、非洲西海岸、印度、東南亞全域納入實質統治下。作為此一大英帝國的先鋒，馬戛爾尼在二十多歲時便被指派全權處置，前往葉卡捷琳娜女王統治的俄羅斯，成功締結了通商條約，立下大功。其後任職加勒比諸島總督、馬德拉斯總督，在英國佔領雪梨開始殖民統治澳洲時期，對大英帝國南半球支配的成功，可以說貢獻良多。之後，受封伯爵的馬戛爾尼前往非州南端，以好望角殖民地總督的身份在拿破崙戰爭中助英國自荷蘭奪下南非，讓大英帝國成功取得了根據地。

換言之，在馬戛爾尼前往北京之時，乾隆統治的中國其實已經四面八方圍繞在「大英帝國的陰影中」了。

馬戛爾尼的經歷，便已顯露出足以壓倒「大清帝國」的「近代西歐」壓力，因此當兩者在熱河的離宮相見時，與以往的耶穌會傳教士不同，馬戛爾尼一口拒絕了清廷要求的中華儀禮「三跪九叩頭禮」，此一光景，彷彿是將西歐與中國在力量與文明兩層面上的「歷史的逆轉」直接地表現了出來。接著五〇年後的鴉片戰爭，其實就是當時表露出的現實之「延後執行」罷了。其實，十八世紀末當時，大英帝國周邊正爆發法國大革命，同時又與拿破崙展開生死存亡之爭，歐洲情勢的緊迫，才讓馬戛爾尼恰好「被趕了回去」，這當然又是中國史上修辭藝術的記錄了。

又過了一〇〇年（一八九四年），**現實上**中華世界秩序終究還是被消滅了。由英國之力開啟了「通向世界的大門」，搖搖晃晃走了出來的中華國際秩序，隨著甲午戰爭的失敗，又在日本之力下放棄了自身的國際秩序，最終不得不走向「西歐近代」的體系。清末對外關係史的專家茂木敏夫曾闡述：「甲午戰爭戰敗，失去了最後的朝貢國朝鮮，中華世界事實上已經消滅殆盡。中國不得不接受，中國本身已與其他國家無異，成為『萬國之一』的事實」（《變化的近代東亞國際秩序》山川出版社／一九九七年／八一頁）。換言之，在思考中國與國際社會之連結時，於此（甲午戰爭戰敗）才是中國本質上開始進入「近代」的起點，實際上讓中國走入近代的劃時代事件，不是鴉片戰爭，而是五〇年後爆發的甲午戰爭。

這裡，先來述說之後的發展，在甲午戰爭後五〇年的一九四九年，「中國革命」完成，中華人民共和國成立，一般來說「鴉片戰爭以來，近一世紀近代西歐對中國的壓迫終於劃上了休止符」是普遍的見解。然而之後又經過了六〇餘年來到今日，走在「改革開放」路上的中國，距離馬戛爾尼來訪已過了二百餘年，然而即便是「中國革命」這一層「半透膜」也已經無法遮蔽，如今的中國又再次被迫面對近代西歐。

然而，究竟為什麼甲午戰爭具有如此重大的意義？一二〇年後的今日，在思考中國與國際社會之連結時，必須體認到其重要性比戰後日本史學的政治性視角：「戰前不幸的日中關係之原點」還來得重大。如同前述，毛澤東在中華人民共和國成立一〇年前所著的《中國革命與中國共產黨》（東方書店／一九六九年）中，闡述如下：

「用戰爭打敗了中國之後，帝國主義國家便搶去了中國的許多屬國與一部分領土。日本佔領了朝鮮、台灣、琉球、澎湖群島與旅順，英國佔領了緬甸、不丹、尼泊爾與香港，法國佔領了安南」。

甲午戰爭超越了日中關係，在中國文明史上具有莫大的意義，有如前述引文（茂木著）中提到的，首先，正是甲午戰爭完成了毛澤東口中說的中國「喪失了屬國」之過程。而「屬國」或「朝貢國」的存在，正是前近代長期以來中國與國際社會連結，以及中華國際秩序的基本特質之一。

不過在今日，若以更嶄新的角度來重新思考這一點，會發現其歷史意義的過度強調，是需要打一點折扣的。朝鮮真的在本質的意義上，是中國「最後的朝貢國」嗎？此一問題，在冷戰後，毛澤東思想即將凋零消失的二十一世紀的初期現在，所謂「非中國的中國」如新疆維吾爾自治區、西藏、內蒙古自治區等概括於「毛澤東共和國」內的歷史性非中華地域，他們的自治傾向及獨立運動再度浮上，也是需要關注並帶有重要意義的內涵。

當然，清朝的統治制度上，大清皇帝不是以中華皇帝的身份，而是以兼任「大可汗」的地位統治蒙古，這樣的原「藩部」地域，與朝鮮等傳統的「朝貢國」，在帝國內的地位是不同的（請參見石橋崇雄《大清帝國》講談社／二〇〇〇年）。不過毛澤東所言列強佔領了「中國的許多屬國」，其實也暗示了並非是「中國的所有屬國」。換言之，因甲午戰爭讓朝鮮脫離了中華體制，其實代表了這是最後一個脫離的原屬國，「到此為止」才是其意義所在。「為什麼沒有繼續下去」這個問題，在今日才是更具有重大意涵的提問。

為什麼「到此為止」的這個提問，可以從與甲午戰爭同時展開的「近代國家之中國的創造」的一環——「插入領土」奏效來做為姑且的答案——以新疆為中心的原「藩部」地域以及滿洲等地，都重新編入了清朝的近代性領域支配中，（可參見茂木敏夫「清末的『中國創造』與日本」《中國——社會與文化》第一〇卷／一九九五年）。然而，此一觀點下的「中國的創出」是否真的達到了具體的效果？特別是又能維持多久？這些都是今日需要再次思考的重要歷史性提問。

在「列強壓迫」下誕生的「種族概念」

美國新世代的中國外交史學家麥克・亨特（Michael Hunt）指出，一般對清末至二〇世紀中葉的中國抱持著印象「無技可施只能眼看領土一一被侵略、蟬食的中國」其實過於偏頗，我們需要的是從不同的視角，去理解中國成功地保全了多少自己的領土（依情況甚至還成功擴張了領土）（The Genesis of Chinrsr Communist Foreign Policy,1996）。

實際上，抵抗近代的「西力東進」，依然維持獨立的僅有日本、中國、泰國（暹羅）三國而已。其中，日本靠著「近代化的成功」，憑藉一已之力維持了獨立狀態，而中國與泰國則是以「外交的成功」維持了自身的獨立。眾所周知，泰國自緬甸方面受到英國的壓迫，自越南．印度支那方面又受到法國的滲透，最後泰國藉由雙方勢力相互衝撞、力量抵銷來維持平衡，艱辛地維持了獨立的狀態。然而中國，要透過列強間的平衡等外交戰略來維持獨立，卻面對了極為複雜的各種要求與壓迫，同時還要處理國內的動亂，並同時走向近代化，可謂是困難重重。

不過，二〇世紀的中國從前近代清朝「開放空間」式的鬆緩統治模式，又逐漸轉變為具近代國家式的強力規範力的「封閉空間」（茂木．前引書），再加上「中華」的名稱冠上了「民國」、「人民共和國」，開始將新疆、西藏等屬國納入統治。一方面自身受到列強的「半殖民地化」之壓力，另一方面卻又同時並行對內陸、西方地域加強推行「半殖民地化」政策。

擔任中華人民共和國的全人代（全國人民代表大會）副委員長的中國代表性民族社會學者費孝通認為，「中華民族」反映出共產黨體制派的意識型態，並定義如下：「（中華民族之觀念）作為一個自覺的民族實體，是近百年來中國和西方列強對抗中出現的，但作為一個自在的民族實體則是幾千年的歷史過程所形成的」（《中華民族多元一體格局》中央民族學院出版社／一九八九年）。另一方面，如同前述內藤湖南則認為：「支那這個國家，不僅限於此（十九世紀），只要與外國的戰爭戰敗了，總是不時地興起種族的概念」（內藤．前引書）。在此重要的是，這兩位權威學者的論述之共通點在於，他們都指稱是因為「列強的壓迫」而讓中國興起了「種族的概念」，或是近代性民族意識。一般而言，「民族意識」的形成因素總是藉由「與外部的連結」，特別是「外部而來的壓迫」而來。只是就近代中國而言，其壓迫的力道過度直接且嚴苛。

然而，在此產生了二個問題。一是近代中國經歷的「與外部的連結」之模式的變化（即從壓迫轉變為擴張之變化），今後這一份「中華民族」意識及「種族概念」，或說中國的民族主義，其走向會帶來怎樣的影響？國內的情勢變化又會對其造成怎樣的變化？換言之，中國民族意識的走向，在現階段是否真的能說是已經達到完成了呢？

第二，隨著近代嶄新的民族意識及「種族概念」的興起，以及與此並行而生的中國人新國際秩序觀，與前近代的秩序觀相比，有何異同？在本質上，又有多大的程度真的符合近代性了？其中，後者的問題，在思考「西歐衝擊」帶來的前述第一項衝擊的本質，以及二十一世紀中國「帶給世界的衝擊」之方向時，具有極大的意義。

多元中心主義與道義性的關連

一九九七年五月，中國的江澤民主席與來訪中國的法國席哈克總統進行首腦會談，之後發表了共同聲明：

「為了冷戰後世界秩序的穩定，一極統治將不再受歡迎，我們應當努力促進多極化的發展」

想當然爾，這是為了牽制冷戰後「唯一超大強國」美國的「一極主義」及中國政府的「霸權主義．權力政治」，因而在外交政策上發表的立場聲明。不過同時，這也多少表露出在中國外交立足的「多極化平衡走向」之基本國際秩序觀。換言之，現代中國的外交見解為，以世界的穩定而言，僅由一個或二個強國進行「支配」是不公平的，也會招致動盪。

現代中國外交之立場可謂是「多極化主義」，這也是一九六〇年代之後中蘇對立時被迫創造出的概念，其中包括了「春秋戰國」時期、「三國時代」以來持續潛伏於中國國際秩序觀歷史中的「戰略志向的多極化主義」，同時也涵蓋了認為多極化國際秩序才是「公正秩序」的近代西歐式的道義性、規範性主張。而更加深入地理解此一兩面性，同時思考中國外交漫長的前近代傳統與近代的「苦惱中國」經驗，從真正的歷史性視角來考察二十一世紀中國與世界連結的走向，是絕對不可或缺的研究程序。

根據現代中國的代表性國際政治學教科書之一，梁守德與洪銀的《國際政治學概論》（一九九四年），中國對國際社會的「傳統」姿態，是「尊重獨立、反對侵略，獻身和平、反對攻擊性戰爭，重視中庸、厭惡極端，追求融合的世界，與各國互相尊重、互相援助，反對歧視、剝削、戰爭與暴力」。即便考慮到這是做為「政治教育」帶有宣傳目的的書籍，這道義性訊息與擁護主權國家普遍性並存的內容，還是值得我們關注。僅以各國家為單位的多極化主義，同時也可看做是令人生厭的道義性主張，其中到底有多少內涵是來自於本質的呢？此外，這兩項特質中，又具有怎樣的關連與整合性、亦或矛盾呢？二十一世紀中國在面對世界時，這一點又扮演了怎樣的角色？這些都是對於預測今後的走向與展望，相當大的關鍵所在。

13章

現代中國面臨的「大歷史之課題」

多元主義與道義主義該如何連結？此一連結，將是理解現代中國外交本質的重要關鍵。一九八二年九月，鄧小平提拔的中國共產黨總書記（因廢除了黨主席而創立的新職位）胡耀邦，在第十二屆黨大會的報告上，針對「改革開放」時代的中國外交路線，闡述如下：

「我們是愛國主義者，絕不容許中國的民族尊嚴與民族利益受到任何侵犯。我們是國際主義者，我們知道中國的民族利益，若與全人類的總體利益切割，將無法充分實現。我們堅持獨立自主的對外政策，是為了要守護世界和平，促進人類進步，履行這些崇高的國際義務。建國以來三十三年的時間，中國絕不依附於任何大國或國家集團，也絕不屈服於任何大國的壓力，我們將以實際的行動向全世界宣告」（《北京周報》第三七號／一九八二年九月十四日）。

在此，可以釐清二點。一為中國外交的多極化主義（將各國獨立、對等視為國際秩序的最大前提之意）之履行，是在對抗具有壓倒性力量之大國的歷史（主要為四九年之後）中產生的，從中也可看到正統性的根源之一。二為「民族的利益」是與此共通的動機之一。換言之，「力量」相關的範疇、與和平、進步等「道義」範疇，是藉由中國的國家利益、國家立場做為媒介連結在一起的。而對於在力量上處於劣勢的小國，中國對應的姿態，以及當與中國重大國家利益相關時，中國會如何考量與國際秩序的整合性？這些問題都可從中找到重要答案。

在胡耀邦演說的三年前，中國為了「懲罰」，單方面地進攻了越南（七九年中越戰爭）。此外，在短短的一〇年後，中國依照自己的國內法（一九九二年的領海法）單方面地規定了南海、東海上包含釣魚台在內的諸小島之所有權及海洋支配權。這些舉動可以明顯看出華夷秩序的中華性，同時也展露出中國並沒有切實履行對於小國的主權、獨立或是身為聯合國會員國對於國際秩序的尊重義務。也因此，世界看待二十一世紀今日中國的目光，總是先鎖定於中國是如何對待他國的主權及國際法秩序這方面，也是當然的。看似接納了近代國際秩序，同意在多數國家相互獨立、對等的大原則下經營關係的現代中國，在國家主權、民族自決及國際秩序法等核心部份觀念上，依然抱持的根深蒂固的「歷史課題」，這代表的意涵何在？

與此相關的，還有一九九九年五月於南斯拉夫發生科索沃衝突時，北大西洋公約組織(NATO)空軍機誤炸了位於貝爾格勒的中國大使館事件，也讓近代中國在國際秩序關係上具有的特殊立場浮出台面。

第一，針對「外國的侵略」之激烈抗議遊行連日在北京外國大使館密集區舉行，這與歷史上「過去的光景」完全吻合，是中國近代史的各種局面上，反覆出現的場景。

激憤於「對中國主權的不當侵害」之抗議運動，讓強硬的對外民族主義浮現，此股不穩定的風潮也開始逐漸動搖到體制層面。若從「體制與民族主義的相剋」之視角來看，此一光景與「義和團」、「五四運動」等反覆出現並貫徹於近代中國的主軸，是具有共通性的。不過，過往的中國因為國體衰弱，對於「來自外國的壓迫」引發激烈的排外民族主義，在道義上至少還具有一定程度的正當性，而現在已經強大的中國，卻依然採取強硬的民族主義，就讓人難以認可其正當性了。在天安門事件一〇周年與人民共和國建國五〇周年剛好重疊的這一年（一九九九年），突然浮現的中國民族主義之歷史性能量，明顯的是一不吉利的徵兆。到了現在，已逐漸完全喪失人民革命意識型態的「後鄧小平時代」之中國，隨著改革開放而增強的國力，培育了新型態的民族主義，而其中也蘊含著一旦爆發便可能動搖到體制的風險。自鴉片戰爭以來對外開放，急速地流入「外部世界」，讓中國不論在物質上還是精神上都受到衝擊，這也招致了體制的危機，現在的中國是否能脫離中國近代史的這一個迴圈？此一提問與超大強國的民族主義帶來的威脅，都是迫切需要去闡明的問題。

旅美的中國研究者趙穗生（Suisheng Zhao）評論，冷戰後中國高漲的民族主義中最顯著的特徵，是知識份子在其中扮演了重要的推手。（「一九九〇年代中國知識份子尋求國家強大之論說」《The China Quarterly》一九九七年十二月號／七二五頁）。如此看來，不只是「五四運動」，從十九世紀的「洋務運動」開始，近代中國的民族主義推手，一直都是由失去了意識型態的知識份子做為強大的推進動力，企圖顛覆舊有秩序。

的確，若以縝密意涵而言，歷史是不可能會完全一致地重覆的。重要的不在於歷史是否重覆，而是當眼前出現彷彿「似曾相識」的模式時，我們必須去關注潛伏在底層，一直以來持續存在的「歷史結構」，以及從歷史全貌中考察文明史上的因素。所謂歷史，並非只是細心觀察著眼前的變化就好，對於不曾改變、或是僅以極緩慢速度變化的事物，也要去留意其背後的意涵。

戲劇性登場的「國際法」問題

第二，在二〇世紀的最後一年（一九九九～二〇〇〇年）發生的事件引發了近代中國與國際社會連結之種種問題，而國家主權、國際法相關的種種問題，也在這半世紀內以相當戲劇化的形式浮現於近代中國中。美國軍機對外國大使館的攻擊，即便只是誤炸，也依然是侵害國家主權、違反了國際法的行為。然而此一問題的背景，卻存在有比主權或國際法更嚴重的問題，那便是近代中國在與西歐諸國或包含日本的「列強」之間，存有超過一世紀以上深層的歷史性糾葛。

一九九九年三月，北大西洋公約組織開始對南斯拉夫展開空襲，這是不符合聯合國安理會決議的單方面攻擊，從既有的國際法秩序，以及中國心目中既有的國際秩序觀念來看，都是明顯的「侵略行為」。對此，以美國為中心的北大西洋公約組織諸國（包含法國、德國等）則以拯救科索沃難民之「人道」理由，正當化其武力介入，採取了更具普遍性的新國際秩序觀念，並企圖以冷戰後領導世界秩序的優越力量為後盾，催促世界脫離老舊的秩序觀念。

因力量與財富在國際社會擁有壓倒性影響力並在背後擁護著規範性潮流的勢力，從歐亞大陸及太平洋兩方向中國逼近，此一嶄新的「西力東漸」，中國的一部份似乎已經不得已的接受了。由此也可看出，近代中國自鴉片戰爭以來（至一九四九年止）約一世紀的苦悶、被迫接受世界支配勢力推行的「國際秩序」的歷史性糾葛及不適應。

脫離了傳統的中華秩序，以力量與「文明」之名受迫於外部世界，經歷種種苦澀好不容易看似接納了近代性國際秩序觀念之國際法（當初稱為萬國公法），在冷戰結束後中國終於正式地要回歸到國際社會時，已經「落伍」的舊秩序觀念又受到了新的挑戰。此時，我們身為客觀的觀察者，看到中國在歷史上的種種關係，都是因為「時機不對」而陷入困境，很難不投以同情的目光。不過，凝視著歷史的雙眼，絕不可以僅以「同情」做結束，而是要進一步去思考其背後「為什麼會變成如此局面？」的結構性因素。換言之，貫徹於中國與國際社會關係中的「歷史結構」及貫穿歷史的文明史視角，才是考察時的重點。

的確，二〇〇三年伊拉克戰爭引發了美國與法、德等歐洲勢力的衝突，此以狀況現在看似稍有減緩的趨勢（譯註：此書初版於二〇〇四年），不過對中國而言，問題的本質還是依然沒有改變。在近代國際秩序中中國嚴重的不適應問題，勢必再度成為中國與外部世界間巨大的糾葛呈現出來。

究竟為什麼只有中國，會因為相關「主權」的國際性認知變遷上，直接且嚴苛的遇到這麼大的問題呢？這當然不只是因為本國的大使館受到攻擊這麼單純的關係。

大使館誤爆六週前，北大西洋公約組織開始展開空襲時，中國政府及部份中國媒體介入，指稱這是「無視國家主權」的「侵略」，以激烈的言論進行的批判。此段期間內，參與其中的中國官民之擔憂與憤怒，隨著「大使館誤炸」一口氣爆發，因而引發了抗議遊行等戲劇化的激烈舉動。超越了共產黨的意識型態，反倒是將國家主權視為國際法秩序的「絕對性支柱」，成為二〇世紀中國的國際秩序觀根深蒂固的概念。其背景之一，是十九世紀以來，中國主權受到「帝國主義」列強侵蝕壓迫的「被害的記憶」依然深深烙印其中的緣故。

不過，在此必須更深入探討的，是其中經歷了怎樣的歷史性過程，讓今日中國的對外政策及對外觀中，呈現出如此頑強的「國家主權論」。再者，現代中國的「國家主權」觀，與近代西歐式的框架或理念型（即威斯特發利亞型）之近代國際法的主權觀念相比，具有怎樣的差異、特質，也是我們必須去闡明的。特別是近代中國受到的列強之壓迫（西方衝擊），讓中國的國際秩序意識帶來了怎樣的變化，其中是否依然保留有承襲了深植於中國文明結構中，近代以前的傳統中華秩序觀？都是需要持續去探討的問題。

國家主權的主張有如一刀兩刃

不過在探討理念性、根本性的問題之前，先來了解當空襲南斯拉夫及出空伊拉克時，中國依「主權論」而引發的（伊拉克與法、德不同，是屬於更基本教義派式的國家主權論）反彈，中國同時抱持著西藏、新疆甚至台灣等問題，在此背景下中國政府的立場與關注焦點，自然可想而知。特別是一九九九年的「民族主義爆發」時，還有一個前例便是南斯拉夫聯邦內受到塞爾維亞人民族性壓迫也間接引發了科索沃自治州的脫離、獨立，讓北大西洋公約組織發動介入。抱持著台灣等地種種問題的中國，對這樣的事態自然是激烈反彈。就這樣，以當時的科索沃衝突與南斯拉夫空襲為契機，近代中國與國際關係的連結之第三個重要的問題跟著浮現。

一方面，近代中國對外部國際社會一貫採取強硬的態度，主張「主權平等」（不介入內政是其衍生原則）與「民族自決權」，以及關乎國家獨立的近代國際法秩序觀念，而另一方面，直接承襲了以異族統治為大前提的大清帝國版圖之中華民國與中華人民共和國，對於西藏、新疆（或歷史上的東突厥斯坦）、蒙古（包含內蒙與外蒙）等各地域的政治支配之正當性，在近代中國或現代中國當中，該是如整合、亦或未曾整合的呢？換言之，在容許異族支配之道義性正當化的中華性秩序崩解之後，若近代中國真的轉向以主權平等、民族自決為核心的近代國際秩序，那麼依然持續涵蓋、支配這些異族地域的正當性，其根據究竟何在？

此外，關於台灣，若依據中國已接納了近代主權論及國際法體系為前提，那麼問題的嚴重性就更是一目瞭然了。在六〇年以上不曾實質統治的地域（即台灣），而該地域也已經形成一獨自的政治共同體，經法律、民主的程序明確地表明了獨立之意，依照近代國際法原則，中央政權（在此指中國政府）已經完全沒有伸張其國家主權的餘地。意即，在這樣的狀況下，中央政權與地方政權的關係，第三國及國際社會將擁有認定其為「國與國關係」的正當權利，這便是近代國際法一貫的立場。再者，法律、民主的程序其實並非是必要條件，只要實行實質統治，便可依「交戰團體之認定」、「中立宣言」，即便沒有得到北京政府的許可，也依然得以合法地成為新國家、新政府。

在現實政治中，雖然中國嘗試對應各種政策性的內容，但從依然反對依近代性原則提出的主張這一層面來看，中國還是處於「帝國的理論」當中。對二十一世紀初期的中國而言，近代國際法的正統觀念導出的國家主權主張，明顯的是一把「雙刃刀」。

與浮現檯面的「非中國之中國」之關係

在這六〇年間，用來隱藏住內化於中國「國體」中近代國際秩序之困境的，是「革命理論」，也就是信奉「世界革命之正義」的馬克思－列寧．毛澤東思想，及衍生出的「無產階級國際主義」之意識型態。也就是「無產階級無祖國，受到壓迫的諸民族全部合而為一為世界革命而奮戰」的二〇世紀教條，到了現在可以說已經破綻百出。然而，在如今革命性意識型態即將消失的現代中國，在面對西藏、新疆、蒙古等自古便屬於非漢族之地域，以及台灣這個個別的「政治實體」等二大類型的「非中國之中國」之關係時，在不久的將來，這將必定會成為動搖到現在中國根基的問題。

然而，自一開始中國政府便強烈反對北大西洋公約組織介入科索沃，並不是因為擔心之後對於這些「非中國之中國」也會發現同樣的國際介入情勢。因「改革開放」而喪失了革命思想後，在意識型態上，中國只剩上成為「帝國」這一條路，這樣的必然性邏輯在在歷史脈絡上創造出了此一問題。接著，在遙遠的彼端，又浮現了更重大的另一項「歷史的課題」。其中之一便是這些「非中國之中國」到底是經過了怎樣的過程，才勉為其難地成為「中國（的一部份）」？另一個問題則是，比這些地域更屬外緣，本質上也是異族之地，卻在前近代中華秩序中同樣被當作是「非中國之中國」的各個朝貢國家，他們與「原本的中國」之關係，在十九世紀後半被「一刀兩斷」，這樣的事態又具有怎樣的意義？從至今考察的內容可以明白，朝鮮半島、琉球群島、東南亞等一直受到清朝為止的前近代中國宗屬支配的「非中國之中國」，與現行體制下如西藏等「非中國之中國」，在本質上是具有相同歷史性地位的。

清朝統治體系下，依史學用語分成「（朝鮮、越南等）朝貢國」與「藩部（即西藏等藩屬國）」，兩者地位的差異，與今日命運的相異，並沒有直接的關連。像是清朝體制下屬於「藩部」的外蒙古，今日成為獨立主權國家蒙古，然而同樣身為「藩部」的西藏、東突厥斯坦（一八八二年後為新疆省）在今日，依舊是中華人民共和國的一部份。此外，在十九世紀後半，特別是一八七〇～八〇年代，清朝為了對抗西歐列強、日本的入侵，突如其來地決定對朝鮮、越南、琉球等至今的朝貢國進行直轄統治，強化支配的力道。然而從結果來看，與列強的交戰屢戰屢敗，最後不要說是直接統治，就連傳統的宗屬關係，也不得不被迫放棄。

就這樣在列強不當的「以力迫人」之「帝國主義」侵略的結果，中國被迫失去了這些「中國的許多屬國」（第十二章引用的毛澤東之言）。若今後中國近代史的正統能夠持續，形成「富強」大國的二十一世紀中國，將不會要求再次擁有、支配這些「中國的許多屬國」？該從何處尋求保障的的根據呢？從「（漢）民族」中嗎？那麼現在中國西半邊（新疆、西藏）的關係又該如何說明？若改稱「中華民族」，這些異族就能涵蓋其中嗎？另一方面，若認為像是朝鮮半島等已經擁有長期的個別政治體「實績」，看到此一歷史性既成事實上，中國不會要求再次統治朝鮮？那麼台灣又該如何說明才好。

看似接納了近代國際秩序的現代中國，在面對國家主權、民族自決等核心概念時，實際上還抱持著根深蒂固的「歷史課題」。此一事實所帶有之意涵，我們究竟該如何理解？

中華人民共和國成立後，一九五〇年代毛澤東政權推進的西藏、新疆的再次支配與強化統治，其實是一八七〇年代之後清朝欲合併屬國創造「中華性近代國家」的完成形態。此外，一〇〇年前的中華帝國與外圍的朝貢國之間發生的歷史性「斷絕」，其本質上的意義，我們還必須更追根究底地進行考察，如此一來才能在二十一世紀理解中國與周邊諸國的關係，以及東亞國際秩序的展望。

西歐的衝擊與接納西歐式國際秩序

因為鴉片戰爭，中國突如其來地被迫去適應「近代西歐」，之後其近代史的進行約略可分為四個階段。鴉片戰爭後簽訂的南京條約（一八四二年），迫使清朝首次必須去適應西歐國際秩序，與培里來航後的日本不同，中國只是把基於近代國際法簽訂的「條約體制」視為暫時性的便利政策，之後依然不斷地企圖回歸中華秩序。

然而，這樣的「陽奉陰違」並起不了作用，與「太平天國」大叛亂同時間爆發的「第二次鴉片戰爭」（一八五六～六〇年，又稱亞羅號戰爭），英法聯軍佔領了首都北京，最後中國簽下了天津條約（一八五八年）與北京條約（一八六〇年），在完全無法反駁的情況下，徹底此被迫接納了近代國際關係。同時，與俄羅斯也簽下了璦琿條約（一八五八年）及北京條約（一八六〇年），自尼布楚條約（一六八九年）以來做為俄清國界的外興安嶺以南至黑龍江之地割讓給俄羅斯，同時烏蘇里江以東的沿海州也成為俄羅斯的土地。受到種種強烈「力量衝擊」的清朝，第一次不得不開始認真考慮接納西歐式國際秩序的制度層面，並開始關注以軍事為核心的西歐力量背後的近代技術及資本主義經濟活動的重要性。

清朝改變的象徵之一，是一八六一年設置的「總理衙門」（正式名為總理各國事務衙門）。至今在理念上始終拒絕與外國交涉的中華帝國，首次依據西歐各國的條約設置了掌管國際關係的外交部門。同時，許可各國大使館設立於北京，並於總理衙門之下附設「總稅務司」，並在中央政府的統轄下處理眾多開港處的貿易及相關的關稅事務（委託英國人處理）。

接著，一八六五年在清朝政府（總理衙門）親自指導下，展開亨利．惠頓（Henry Wheaton）所著近代國際法體系的解說書籍*Elements of International Law*的翻譯與發行，以《萬國公法》為名廣發給具有對外實務的各個中國人士閱讀。此書在幕末日本也廣為流傳，坂本龍馬、榎本武揚等人也藉此認識了西歐的國際秩序。此外，清朝自一八六〇年代開始計劃導入西式的海軍學校、機構及軍需工廠，民間也出現了主張以上海為中心導入西式經濟社會體系的人士，鄭觀應便是其中之一，雖然「近代性經濟人」在當時仍舊受到孤立，不過依然算是新的開始。不過中國在「殖產興業」（譯註：日本明治維新的三大政策之一，由政府領導促進產業及資本主義的發展）的適應上依然緩慢，像是其實得以持續經營的中國第一座鐵路，卻只在一八八一年於唐山．胥各莊間建設了十一公里的煤碳輸送路線。不過中國落後的，並不只是於鐵路與技術。

一八六〇年代之後，中國進行的各項近代化嘗試，統稱為「洋務」運動。如同其口號「中體西用」，不只是道德、精神文化，還包括社會制度、教育、政治・行政等，都依舊以儒教文化為核心，維持中國傳統之基礎（體），僅限定於狹義的生產技術、兵器製造或是被動性的對外對應事務之外交實務採用西方傳入之形勢（用），是相當狹義的物質主義式近代化。

日本對於近代中國研究，在中國對近代國際秩序的接納上，一直以來都著重於總理衙門的開設、《萬國公法》的發行等制度、行政事務面向，之後再由此循序漸進發展（可參見坂野正高《近代中國政治外交史》第二章／東京大學出版會／一九七三年；以及同作者的《近代中國外交史研究》岩波書店／一九七〇年等）。不過，這樣的見解，在今日從更宏觀的文明史視野去思考中國與國際社會的關係時，真的是妥當的嗎？

在前面章節為止已經過仔細的考察，傳統的「中華國際秩序」與日本、越南等其他東亞周邊諸國在前近代具有的國際關係觀念相比，明顯地帶有特殊及強烈的文明體系性。這不只是儒教的體系，也包括了王朝支配的國家體制、社會制度、對外意識及生產活動等系統相關的對外觀及世界意識。具有如此文明結構特質的中華國際秩序，在依然具有強烈文明性「關連」之時遭受清算，如日本、越南般與既有的秩序意識「斷絕」，「一部份」走向西歐型秩序觀，這樣的做法其實相當地困難。那麼，近代中國的國際秩序觀與文明的「全體性」之關係，該如何予以評價？

文明「總體性」之關連

的確，如果認為所有的社會制度、經濟體系、價值觀無法同時近代化（或西歐化），就根本稱不上是接納了近代國際秩序觀的話，如此一來，約略地接納秩序觀就成為不可能的任務。無論如何，在此要做的不是考察抽象的「文明現象」，而是要從更具體性的問題來檢視歷史過程。近年，有一主題引起了中國近代國際法接納問題的研究者之關注。

「第一次鴉片戰爭」之後開始了「洋務」運動，接著在給予中國近代史劃時代衝擊的甲午戰爭戰敗後，中國展開了「變法」運動，變法失敗後，又在一九〇五年「廢除科舉」，同年，孫文等人在東京組織了「中國革命同盟會」，與變法運動只相隔了一〇年。

甲午戰爭的戰敗，對多數的中國人而言，不只是外交上，更是在文明意識上受到強大衝擊的歷史事件。中國竟然輸給了區區「東海上的小島國」日本，這讓「中華的驕傲」蕩然無存，而國際秩序觀問題上，隨著馬關條約的簽訂，中國最後還是不得不承認最後一個「屬國」、「朝貢國」朝鮮為一主權國家而獨立，這對中華秩序也是極大的衝擊。一〇年前，中法戰爭戰敗後，當時中方的談判代表李鴻章，簽署了天津條約，讓越南成為法國的保護國、離開了中國的支配。李鴻章也是日清馬關條約的談判代表。

不過，對中國知識份子而言，甲午戰爭最大的衝擊在於至今實施的「中體西用」式的洋務運動，卻連在軍隊近代化上，也慘遭敗北，顯示出至今的近代化路線破綻百出。於此，在面對即將到來的二〇世紀，中國發展出了二條根本上截然不同的中國近代化路線。

一條是孫文等人的革命路線，另一條則是梁啟超等人的非革命、漸進的「近代化路線」。二條路線並不只是走向近代化的路線不同而已，在國際秩序觀、「中華」認知也都相異。後者路線的知識份子們，是立足於「西歐近代」性的國際法秩序，忠實地實現其世界觀，可以說是較接近日本型的近代化，直接地摸索適應西歐式國際體系的路線（收錄於佐藤慎一「文明與萬國公法」／祖川武夫編《國際政治思想與對外意識》／創文社／一九七七年）。然而，在接下來的二〇世紀，現實中，中國選擇的並不是這些知識份子思辯性世界下的產物之漸進路線。二〇世紀初期中國採取的是強烈地向「西歐近代」發起文明性反彈的孫文至毛澤東的路線，藉由「革命」走向中國型的近代化，以及團結一致的大眾式偏狹的「愛國主義」之路（吉澤誠一郎《愛國主義之創成——從民族主義看近代中國》岩波書店／二〇〇三年）。

一八九五年孫文於夏威夷成立了第一個革命團體興中會，其口號為「驅除韃虜、恢復中華、創立合眾政府」。韃虜想當然爾，便是滿族的清王朝，「恢復中華」的「中華」就如同「滅滿興漢」的標語一般，是以漢族為中心的口號。自此，二〇世紀的中國便一直將「中華」與漢族自本質上連結在一起。

前述也多次提及，內藤湖南評論道當中國陷入對外危機時，便會不時地興起「種族概念」，而這個「種族」概念的走向，又成為激烈「愛國主義」因素。就這樣，「中華」的概念在中國革命開始之際，便偽裝成「近代性的」姿態，再建構而成，再加上此一「新中華」概念，又轉化為漢族的「種族概念」，也就是激烈的「憤怒民族主義」之形態出現，成為二〇世紀中國革命的巨大能量，具有極為重要的歷史性意義。

實際上，孫文的「民族主義」，在其政治哲學「三民主義」中佔有特別重要的意涵，在其國民革命的繼承者蔣介石，以及信奉馬克思－列寧主義之「世界革命」的毛澤東，都清楚地延續了此一路線。直接連結了孫文與毛澤東的「一條紅線」，也許就是「合眾政府」的「合眾」一詞。在相當早期就感受到美國民主主義力量的孫文，「合眾」二字也許涵蓋了類似的理想在其中。然而，看到孫文的民族主義以及之後的發展，即便說是類似於美國式的「民族（人種）的大熔爐」，漢族之中「合眾」了國內的諸民族，也不為過。

孫文在革命同盟會官方誌《民報》的創刊一周年演說（一九〇六年）上，親自闡明了「三民主義」的內容。其中關於「民族主義」，孫文表示，雖然是來自於種族性的主義，卻非一般的排斥異族（非漢族）之意涵，而是以推翻滿族的漢族支配與建立漢族國家為目標（《孫中山全集》第一卷／中華書局／一九八一年／三二四～三二五頁）。意即，在本質是追求的是漢族自清帝國脫離、獨立。

不過，二〇世紀的中國，在辛亥革命、國民（黨）革命、共產革命，不論哪一個革命派成功時，都傾向於重建一個較以往更明確的「中華」＝中華帝國，此原因何在？是因為近代中國中的「革命」，總是含帶著中華文明的核心之一「革除天命」的意涵吧。

辛亥革命成功，孫文在就任中華民國臨時大總統的就職宣言上表示：「國家之本，在於人民。合漢、滿、蒙、回、藏諸地為一國，即合漢、滿、蒙、回、藏諸族為一人。——是曰民族之統一」（《孫中山全集》第二卷／中華書局／一九八二年／二頁）。其中「民族的統一」便是「合眾」，指的是藉由漢族種族性地融合、吞食少數民族。二〇世紀的中國革命，以及之後的繼承者鄧小平之「改革開放」，始終抱持著「帝國的重建」之本質，可以說源頭便是出自於此。

不過，孫文也闡述，「五族共和」的目的是以平等的立場相互協助，讓中國成為世界第一的大國。然而，日本孫文研究的權威藤井昇三卻認為，五族之平等具體而言是怎樣的內容，孫文從未詳細說明過，之後在面對外蒙古獨立問題時，孫文的態度依然是明顯的漢族至上主義、「大漢民族主義」，顯露出具有擴張志向的「中華民族」構想（藤井昇三「孫文的民族主義」／藤井昇三、橫山宏章編《孫文與毛澤東的遺產》／研文出版／一九九二年）。

依藤井所言，外蒙古是在辛亥革命的當下，一九一一年十一月宣佈獨立，十二年十一月與俄羅斯簽下了「俄蒙友好協約」。此時，中華民國北京政府向俄羅斯抗議，表示外蒙古沒有與外國締結條約的權利。不過之後一九一三年中俄協定簽訂，中國承認了外蒙古的自治權，外蒙則納入俄羅斯的保護之下。

然而，到了一九一七年俄國革命爆發，情勢混亂，俄國對外蒙的影響也大大降低，北京政府便命西北邊防總司令徐樹錚率領數千中國軍前往外蒙佔領了烏蘭巴托，以武力向外蒙施壓，逼迫外蒙政府將「取消自治權」的文書訴送至北京政府。接到徐的通報，得知任務成功的孫文，認為中國以力量迫使外蒙放棄了自治權，成功「恢復了五族共和」，大大贊賞了徐的功績。「五族共和」、「恢復中華」對孫文以及二〇世紀的中國而言，是依照「力量函數」能自由伸縮的一種本質。

14章

二十一世紀的中國與世界、以及日本

一九九九年一〇月，中華人民共和國迎接「建國五〇周年」，在各地舉行了各種盛大的紀念活動。自此，也展開了二十一世紀的中國置身的嶄新歷史狀況。

在北京天安門廣場中心反覆上演的大規模軍事閱兵，現代兵器紛紛登場展現出中國的強大軍事力，彷彿是重現了以往蘇聯時代，莫斯科「紅場」上的革命閱兵遊行一般。那壓倒性的迫力，就連毛澤東、周恩來時代都顯得收斂了。當時的國家主席江澤民，為了展現自己握有與其他國家領導人擁有全然不同的權威，在這種國家級的活動上總是喜歡盛大舉行，此一光景，彷彿是在告訴世人，過往對毛澤東、鄧小平的個人崇拜，即便到了二十一世紀，也依然有可能會持續進行下去。

另一方面，在上海招集了外國企業的經營者，舉行了紀念「建國五〇周年」的「全球論壇（Global Forum），宣揚在激烈變化的二十一世紀裡中國的未來藍圖。以具有全球代表性的資訊、通信企業時代華納公司會長李文（Gerald Levin）之「摯友」身份登台的江澤民主席，熱切地描繪了接下來五〇年中國耀眼的未來。

究竟，哪一個中國才是現在中國的真實樣貌呢？或者，哪一個才能正確象徵未來中國的樣貌？當迎接「建國一〇〇周年」的二〇四九年時，中國又會舉辦怎樣的「紀念活動」呢？在慶祝中國革命五〇周年的國慶日上，我們對於二十一世紀中國的樣貌，在二個極端中搖擺不定，心中又出現了新的「中國之謎」。然而，看似相反的二種中國未來形象，其實也許正指向同一件事。

中國的「富國」與「強兵」

「富國強兵」、「富強中國」等口號，近年來已不像以往使用的那麼頻繁，不過在天安門事件後的一〇年，又成為中國國家級目標的固定口號。在大肆慶祝「建國五〇年」的一九九九年一整年間，中國的「富國」與「強兵」又進入了一個新的交錯階段。

如同前述，同年五月發生了南斯拉夫的大使館誤炸事件，與美國之間形成緊張局勢之際，中國政府突然發表了洲際彈道飛彈（ICBM）「東風三一號」實驗成功的消息。並宣稱此導彈射程足以直擊美國本土，更具有移動式發射及分導式多彈頭（MIRV）之功能。這代表中國已經達到冷戰末期美蘇間最新核武的技術水準。意即，在現今的核武技術中，中國已經並列達成的國家，在「質」上擁有與美、俄等核武強國概略匹敵的核戰力，在「量」上，也將在擴大配置數後與擁有抗衡美、俄終極破壞力，達到戰略性對等的程度。現在，中國已經擁有與美俄建立「相互抑制」關係的能力了。

同年一九九九年春季，美國國會發表中國「竊取」美國核武技術的報告書（考克斯報告・The Cox Report），指稱中國已得到彈頭小型化技術及中子彈等重要技術，呼籲全球加強警戒。之後沒多久，就爆發了前述的南斯拉夫大使館爆炸事件，在美中關係緊張的情況下，中國突然發表了宣稱由本國獨自研發技術製成，具有中子彈的「東風三一號」已實驗成功。

這代表了不只是在經濟上以改革開放走向全球化，在軍事力的建設上中國也依循成為能與美、俄匹敵的「新超大強國」之目標確實地向前邁進，「強兵」的國家政策正急速地實現。

不過，另一方面，彷彿是與此走向正面地交錯，一九九九年的中國更加努力地讓自己進入世界的相互依存體系中，以求達成「富國」的目標。

一九九九年四月，中國的朱鎔基總理訪問美國華盛頓，進行了決議中國是否得以加盟世界貿易組織的重要交涉。交涉中，朱總理提出了充滿覺悟的大幅讓步之提案，讓美國大吃一驚，幾乎就這樣要達成了和議。不過因為考量到國內反對的聲浪，柯林頓政權依然有所遲疑，最後決定同年內再進行下一階段的交涉。

如同前述，一個月後，南斯拉夫空襲引發兩國緊張，加上核武間諜事件形成對立，接著在七月台灣的李登輝總統（當時）的「國與國關係」（一邊一國，即台灣與中國的關係，是二個個別國家的關係）發言，讓中台關係更加緊張。南斯拉夫引發的美中對立，其實也涵蓋了部份「台灣」的分離、獨立問題，也因此中國才會在南斯拉夫危機中表現出如此尖銳的「緊張」關係。不過，雙方還有各自急切的「實利」問題。以九月的馬尼拉美中首腦會談為界，美中關係急速趨於緩和，一九九九年十一月，美中終於達成協議讓中國加入了世界貿易組織。

一九九九這一年美中關係的轉變，可以說是相當的戲劇化。此一事例，讓我們看到了現在美中關係本質的一角，是極佳的教材。不過，對中國而言，加入世界貿易組織的意義，與在「建國五〇年」的轉捩點上，中國二十一世紀的國家戰略「富國」與「強兵」又具有怎樣的關連性？再者，近代中國如何在國際社會之關係中保有主權（即領土權、確保內政不受干涉）與以經濟為中心的外部世界相互依存所產生的困境與「間隙」向前邁進？這些都是預測中國今後走向的重要線索。

當然，為求在國際社會上的發展而深化「與外部世界的相互依附」，那麼勢必便會對獨自主體的「自我決定權」有所約束，這是任何一個國家都會遇到的困境。

但是，卻沒有一個國家像近代中國一般，此一困境伴隨著各種戲劇化的嚴重性。此外，在嶄新的近現代史中，一旦深化了與國際社會的關連性，並同時經歷嚴苛的困境，最後卻又能在過程中有意識的進行選擇，逆轉情勢，這是相當少見的案例。然而，自一九四九年後，一直到提倡改革開放的八〇年前後的中國，卻完成了這一稀有的例子。換言之，一九四九年伴隨著中華人民共和國的成立，中國可後說是一下子斷絕了至今與外部世界密切的相互依存關係。毛澤東決定向美國斷交時，還以被中國趕回的美國大使之名撰寫了著名的論文「別了，司徒雷登」。也就是說，此時中國已經經歷了一次「君子豹變」，而只要回溯中國的歷史來看，發生這樣的事例層出不窮。因此，五〇年後的一九九九年，中國做出出乎意料的大幅讓步以求加入世界貿易組織，其代表的歷史性意義需要好好關注。同時，中國逐漸深化與國際的相互依存性，這與二〇世紀末以來，中國提倡的「富國強兵」之國家目標間具有怎樣的必然性？對中國而言，增強這幾乎不可逆的相互依存關係之意義為何？我們必須深入地檢視才行。

中國加盟世界貿易組織之歷史意義

以更宏觀的歷史性、文明史視角來看中國加入世界貿易組織（一九九九年）及之後更加顯著的成長，以理解中國今後的展望，是現在必須要進行的課題。首先，目前正在進行當中，亞洲各國間的自由貿易協定締結的行動，中國是否已經跳脫總是想倒回到過去的「歷史的迴路」了呢？以近代中國經歷了種種事態而言，在「增強開放與對外依存」之後，也可以引發摩擦與混亂，動搖到體制，而又周期性回到以往「孤立與自力更生」之歷史模式。加入世界貿易組織之後直到現在，中國經濟急速地發展，是否真的可能與這樣周期性的模式徹底訣別？

特別是如同前述，中國與國際社會的連結，隨著經濟社會層級之相互依存的深化，在政治戰略性上與外部尖銳對峙的契機也始終存在。若將這樣的風險也放入視野中，只要不採取單純的「經濟決定論」，便可發現在兩者間運作的「歷史能動性」包含了許許多多的因素。而這也將是會大大影響二十一世紀亞洲與世界的世界史懸案。

再者，中國在經濟上究竟會擴張到什麼地步？的確中國在這三〇～四〇年間不斷向上發展的經濟力，已超過之前二〇〇～三〇〇年來的成績了。相信已經不需要提出數字來說明這三十餘年來「改革開放」政策帶來的實際經濟成效了。

二〇世紀，特別是在前半期，中國渡過了政治上極為混亂的時代。不過最近一九二〇～三〇年代，近代工業開始深植於中國社會，自一九五一年開始到徹底走入「改革開放」的八〇年代的三〇年間，中國的工業生產創下年平均成長十二．五%的成績，至於接下來的成長，相信已經不用多做說明。

然而，若長期觀察今後的中國經濟，依然存有許多不確定的要素。若以現在的世界經濟特質為考量，長期或超長期之下，隨著中國的成長，世界全體（特別是非西歐圈諸國）也會跟著向上成長吧。印度、巴西、俄國等國家，現在的經濟發展也已經具有足以與中國的成長匹敵的氣勢。再者，這些國家中，沒有一個如同中國抱持著政治社會等根本性的「體制」問題。

在這樣的趨勢中，中國在今後是否能長期性地維持目前顯著的經濟成長，最後還是取決於中國與世界經濟的大洪流建立了多少確切的關連性，以及這些關連又對中國的對外「政治的自律性」產生怎樣的影響兩點上。此外，為了持續目前的成長，中國也必須付出巨大的政治性成本（比如說，無法對台灣採取強硬的舉動），今後，成本也會繼續增加。而美國等國際社會提出的條件，也會讓中國的政治逐漸開始受到影響並動搖。「在中國備有實力前，對外採取低姿態避免衝突，徹底以曖昧的態度去做對應」鄧小平留下的遺言，而著名的「十六字文」（冷靜觀察、沉著應付、韜光養晦、絕不當頭）想必是隨者年月增長，也變得困難了吧。的確在與美國的貿易關係上，加入世界貿易組織享有恆常性的最惠國待遇，不牽涉到人權問題，是中國可以期待的，不過，中國目前已經超越日本，在對美出口上達到巨額順差，今後恐怕即將到達「臨界點」。

換言之，中國的出口主導發展戰略，勢必受到制約而必須配合「世界的政治步調」，而這一天的到來，也只是早晚的問題了。

一九八六年起，中國為了加入世界貿易組織（前身為關稅暨貿易總協定），開始與世界眾多國家進行交涉，一直到十數年後終於加盟成功，比起中國的出口，世界進入中國市場的舉動，才具有更重大的歷史性意義，也讓中國的性格產生了變化。

今後的出口主導發展戰略，將會更加促成外資進入中國，同時也會增加中國在政治與社會的脆弱。此一政治、社會的成本，也有可能擴大到歷史性的規模。那個時候，中國會不會又突然「君子豹變」，誰也無法保證。

解決「歷史課題」時刻的到來

一九九九年加入世界貿易組織後帶來了急速的中國經濟成長，其代表的重大意義在於隨著「世界入侵中國（市場）」，中國社會的脆弱性將加速進行這一點。包含體制在內的中國內部安定，以及內部安定的決定性因素——中國與外部世界的政治關係，將會產生怎樣的變化？中國已經無法避免透過經濟從外而內不斷增強的政治性影響。不過，「毛澤東革命」五〇周年與加入世界貿易組織剛好發生在同一年，快速成長進程中的中國必須面對以美國為首的世界，想到此一風險（即由外而內的政治性、社會性影響漸增），才例外地在天安門前進行了軍事閱兵遊行、才加緊實驗做出讓美俄都大吃一驚的最新型核導彈吧。如此一來，作用於政治與經濟之間的能動性，在今後，中國與外部世界在經濟上的相互依存持續深化的同時，也可能同時促進了「強兵」的成長。現在的經濟發展是否真的能促進中國政治的民主化，還很難得到合理的推測。

當國內、國際社會雙方同時對體制施壓時，身為國家的中國會做出怎樣的反應？從中國的歷史上，我們得到了什麼線索？此一提問，近代中國已經反覆經歷，即經濟與社會的相互依存，以及保有政治的獨立性（具體來說，以往是保持「主權獨立」，現在則是表現於「維持體制」這點上）兩者間的困境，而二十一世紀的中國將是更深刻地面臨到此一問題，接下來的走向，也是我們需要持續關注的。這也是一九四九年以來的中國，再次需要認真面對「歷史課題」的時刻，「建國五〇年」的典禮與其後急速成長正宣告著「中國近代史終級的困境」來臨，在今日，這也代表了重大的意涵。

二〇〇三年，新就任的國家主席胡錦濤於同年十二月「毛澤東冥誕一一〇周年」紀念演說時，闡述如下：

「為實現社會主義的現代化與中華民族的偉大復興，我們必須堅持和平崛起的發展之道。以和平五原則為基礎，積極與各國友好相處、交流、協力，為人類的和平與發展等崇高事業做出貢獻」。

這與前述的鄧小平「十六字文」，及在中國備有實力前要低下頭避免對立等訓斥，相當雷同。同時，也可看出這段演說在本質上具有「暫時性」。回想起中國至今在與外部世界的關係上，曾不只一次突然豹變，就算是鄧小平的「十六字文」箴言，也是不無可能忽然出現一百八十度的大轉變。特別是胡錦濤的言詞中，對於成為超大強國的中國，將會採取怎樣的行動、以及到底為了什麼而處積慮地想成為超級大國，關於這份「使命」，胡錦濤只以「人類的和平與發展」帶過，沒有再多加說明。也因為，前段的「中華民族偉大的復興」這個目的反而顯得相當凸出。此外，胡錦濤的發言中，也看不到對於前述經濟發展與對外依存形成的中國近代史上的困境，具有敏銳的意識。為了「中華的復興」而成為超級大國，這一純樸的夢想與缺乏對於今後發展將不斷增強的國家脆弱性之警戒心，才是反應出「現在中國的危機」之本質。本書第一章曾提到，香港回歸後歐美勢力的「遊艇沿著中國大陸的沿岸開始緩行向北」，當時沒有說出口卻依然密切關注，其實就是上述這一點。

中長期看來，現在已經進入「終極的分歧點」的中國與世界之關係，在今後的二十一世紀將會是影響中國走向的重大因素。不過對我們而言，除了中國與世界的關係，還有一個迫切的問題需要去關注。

那便是，中國是以怎樣的姿態面對二十一世紀的國際社會，特別是東亞世界的呢？中國還會走向東亞「古老又嶄新的帝國」之路，還是會真的依循「和平五原則」成為「亞洲的成員」呢？

換言之，與外部世界的關係上，中國經歷了列強「帝國主義」的壓迫及社會主義革命等，以及由根深蒂固的文明結構而形成的獨特世界觀，會對將來的對外政策造成怎樣的影響？亦或現在的中國，是否已經將過去的影響全數清算完畢？還是今後將持續進行清算的過程呢？還是，會因為某個契機又回到過去的歷史模式中？

這些問題，對於活在二十一世紀的日本人及所有東亞人而言，是比任何國際問題都來得重要的提問。在中國的走向依然不透明的現在，依照每個人的見解不同，這些提問的答案也將大相徑庭，同樣的現象也可能引出完全相反的見解。

中國外交是威斯特發利亞式？或是中華帝國式？

一九九二年九月，中國在與北韓關係不變的情況下，又與韓國建立了邦交。對於此事，日本的中國外交研究者之間，就真的出現了相反的兩種見解。益尾知佐子在「鄧小平時期中國對朝鮮半島外交——中國外交的『威斯特發利亞化』過程」（《亞洲研究》第四八卷二號／二〇〇二年）中提到，清算了社會主義外交的鄧小平時代之中國，與韓國樹立國交，是中國完全適應了近代西歐型國際秩序觀之佐證。相對的，秋月望在「華夷體系的延長線上觀看中國・朝鮮半島關係——中韓國交樹立與中朝關係（譯註：韓指南韓、朝指北韓）」（《亞洲研究》第四〇卷三號／一九九三年）、「做為中國之『盾』的北韓——從歷史考察中朝關係」（《外交論談》／一九九四年五月號）中主張，在中韓建立邦交之際，中國與北韓之間的關係，類似於以往華夷體系中中華與藩屬國的關係，具有典型的前近代性中國外交特質：「認為中朝關係是僅立足於現行的國際關係秩序及理論上的常識性外交關係，這只是單純的幻想罷了」，並提到在將來的中國外交上，中華（華夷）秩序的走向，也就是所謂的「歷史逆流」，是極有可能再次復甦的。

益尾的議論認為同為社會主義體制的國家之間的關係，與西歐近代的「威斯特發利亞」式關係有所不同，而是立足於黨對黨、或是黨領導者之間的個人關係，「無產階級國際主義」

為其基本理念，中國與北韓就是屬於這樣的關係；然而中韓國交的建立，則代表了中國最終還是從上述的社會主義式關係中脫離，建立起了普通的國與國關係，也就是依循「威斯特發利亞式」，完成了與經濟的改革開放政策相符的「威斯特發利亞化」。益尾的論文一方面全面捨棄了近代以前華夷秩序觀在現代的問題性，反而全面接收了社會主義體制之正統理論在字面上的意涵，最後，僅一昧地將核心放置於鄧小平、金日成領導者關係中的「社會主義式國際關係」。從這一點上來看，益尾的議論太過於制式化，恐怕無法做為太大的參考。不過，此一論文在毛澤東革命之後半個世紀間，中國外交依然沒有走向「威斯特發利亞」式國際秩序觀的現在，依然佇立於此，並喚起了中國外交在經過鄧小平的改革開放後最終將完成「威斯特發利亞」化這派的見解，不論其內容是否妥當，以本書的主題而言，也是需要予以關注的論文。

中國外交的雙重標準

另一方面，秋月的論文則敏銳地掌握到十九世紀後半起中國對外政策中基於華夷秩序觀的「傳統中國模式」，以及被迫接納的西歐近代之「威斯特發利亞式」的「雙重標準」之問題性。同時大膽地預測，立足於此雙重標準上的現代中國之對北韓外交、及一九九三年三月之後因核武而造成的美國與北韓間的危機，其實都有可能是受到了傳統華夷外交、中華秩序模式的影響，是相當有意思的內容。

前面所述在十九世紀中葉受到「西歐衝擊」的中國（清），一方面透過總理衙門依循「萬國公法」的秩序進行近代性、威斯特發利亞式的外交；另一方面，對朝鮮、越南等周邊諸國・地域則是維持宗屬關係，延續中華帝國型的華夷外交。同時，中國與歐美列強、日本的關係由一八六〇年新設置的總理衙門負責，至於其他的國家、地域之關係則還是交由負責朝貢、藩屬國的禮部管轄。特別是朝鮮，之後進入一八八〇年代，與歐美、日本等「國際社會」間磨擦漸增，像是八二年朝鮮與美國的開國交涉，中國派出的監督則非禮部官員，而是轉由善於近代外交對應的北洋大臣衙門（李鴻章）負責。不過這一套「雙重標準外交」，隨著甲午戰爭就此終結。

不過，直到一〇〇年後冷戰結束，一世紀以來中國對朝鮮半島的外交可以說具有極大的問題性。秋月望的論文中闡述如下：「條約體系與華夷式宗屬關係混同在一起的清朝關係，藉由甲午戰爭清朝敗北這個外部因素而劃上休止符。不過，在日韓合併、日本戰敗與朝鮮的解放、朝鮮南北分裂、韓戰、冷戰這一連串的演變中，中國與朝鮮半島的國家關係，在日本殖民統治朝鮮期間暫時中止，日本戰敗之後則是只限定於（同為社會主義體制——中西註）北韓之間。在這段期間東亞的歷史發展中，中國對朝鮮的雙重性之內在契機，並不曾出現」（秋月・前引論文／五頁）。

二〇世紀的中國外交，不只是與朝鮮半島的關係，對近代國際秩序的接納，實際上究竟到達怎樣的程度，以益尾的用語來說，是否真的「威斯特發利亞化」了？若是，又是從何開始的？在展望二十一世紀的中國外交時，此一核心的提問是相當重要的。

是從辛亥革命開始的嗎？還是一九二〇～四〇年代的的國民革命與國民黨時代？亦或毛澤東革命後興起「無產階級國際主義」同時又標榜「和平五原則」，並加入聯合國的一九七〇年代呢？還是在文化大革命劃上休止符，大步走向「改革開放」的鄧小平時代？亦或是這一連串的演變中，逐漸累積而來的呢？此外，就像秋月在論文中以中朝關係為例所做的展望，中國的對外關係中存在的華夷秩序性模式直到今日依然未被清算，今後是否也依然可能又以明確的形式浮現出來？此一提問，在考察二十一世紀的中國時，可以說是最重要的問題。

秋月望在中朝關係上，特別重視一九九二年二月中韓國交建立的過程中，中國共產黨中央宣傳部發出的內部文書中的一節：

「朝鮮民主主義人民共和國是我國東北戰略之盾，也是傳統上戰鬥時的友好國」。

秋月望認為，這段內容明顯地表達出將朝鮮半島（在此指北韓）視為「藩屏」的傳統華夷觀：

「不只是於近代性意涵中的安全保障、或是擁護社會主義陣營的觀點，從『東北的戰略之盾』這樣的表現方式便已一目瞭然，不過是有意或無意，我們不能忽然中國是從確保傳統的『藩屏』之層面認知到北朝鮮的重要性的」。

北韓核武問題的華夷式思考

實際上，二〇〇二年之後，當北韓的核武問題再次浮現引發國際危機時，中國採取的行動與所扮演的角色（以及對今後中國走向的預測），與十九世紀後半清朝與朝鮮半島的關係，其模式呈現出極有意思的雷同構圖，相信這並不只是單純的偶然。

一八六〇～七〇年代，李朝與法國、美國、日本間不斷發生紛爭，各國為尊重清朝與李朝的宗屬關係，一一向總理衙門尋求解決之道。對此，清朝則回答：「朝鮮為自主之邦」或是「朝鮮雖是屬國，但一切政教禁令皆由該國自主」，強調「朝鮮的自主性」，避免被捲入紛爭當中。然而，在背後卻依然採取種種方式，維持並強化藩屬關係。

不過，如同秋月望所言，進入一八八〇年代列強與朝鮮的衝突漸增，交涉也愈趨重要，清朝便漸漸開始向朝鮮施壓，催促、誘導朝鮮向列強開國。六〇～七〇年代的清國採取的模式，彷彿象徵了冷戰後一九九一年李鵬首相（當時）對日本中曽根首相（當時）所言：「朝鮮民主主義人民共和國為一主權國家，自尊心亦強，中國沒有立場對其說三道四、下指導棋」（秋月‧前引論文／十九頁）；而一九九〇年代北韓面臨多次危機，各國向北京尋求解決之道時，中國回答：「朝鮮為自主獨立之國，中國沒有任何影響力」，都讓人感到似曾相識。不過二〇〇二年再度爆發危機時，也許是因為危機的強度太大，中國施加了強大的壓力執著地說服北韓與美國進行交涉，二〇〇三年美、北韓、中在北京展開三國會談，也就是所謂的「六方會談」。

然而，一八八〇年代中期，經歷壬午之變、甲午之變等，朝鮮與列強，特別是與日本的關係愈加緊張，即將逼近「一觸即發」的狀態時，清朝派遣了袁世凱前往朝鮮，靠武力直接介入。現在，若北韓發生的危機愈益嚴重，當超越某一階段後，將會演變出怎樣的局面？（比如說，靠武力推翻金正恩政權等）無論如何，中國明確地以武力直接介入之事態，是相當可以預見的。比起對保障安全的關心，中華式‧華夷式的中國外交特質，才是足以超越「和平五原則」強硬介入朝鮮半島的因素。關於這點，秋月在一九九〇年代前半便已闡述如下：

> 「若北韓挑釁式的對外政策持續進行，與中國的改革開放政策難以配合，當中國判斷負擔到達極限時，就是中國對北韓政策進入轉換期的時刻。從中朝關係中蘊含的華夷性思考，以及中國對外側地區（西藏、越南）極其強硬的態度（中國介入——中

西註）來看，中國對北韓的直接．間接介入也是具有相當的可能性」（秋月，前引論文／二五頁）。

對脫北者問題之美國、韓國、日本的不同處理

同樣是朝鮮半島相關的問題，還有一項在預測二十一世紀中國對外態度上相當有意思的「水平式相位」——相對於前述北韓對中國的態度是垂直式擴大的相位，不過，依據不同的對象、國家或地域，中國基於不同的國際秩序觀採取不同的對應模式，因此稱之為水平式——二〇〇二年五月有一事件，讓此現象清楚地浮現了出來。來自北韓的「脫北者」亡命進入位於瀋陽的日本總領事館（日本稱為「Hanmi小妹妹事件」），而中國的武裝警察卻在沒有得到日本許可的情況下闖入總領事館內（具有外交特權之治外法權的機構），強行帶走「脫北者」。然而，在完完全全的同一天，位於日本總領事館旁的美國總領事館也有脫北者亡命而來，中國憲警卻完全沒有出手，沒有動作。接著，幾天之後有脫北者想進入位於北京的韓國大使館，卻差點被中國憲警帶走，為制止中國憲警，大使館員與中國憲警爆發亂鬥衝突事件，最後脫北者依然被中國人員帶走。

此一連串的問題，由於牽扯到國際法的基本原則，對於每一個事件中國的對應及事後處

理的方式皆不相同，也讓中國外交的混亂的基本對外觀以非常容易理解的形式，戲劇化地浮現了出來。首先面對美國時，中國依循近代國際法的原理（「外交關係相關之維也納條約」之實證法），忠實地遵守了外國使館不可侵犯之原則，對於亡命脫北者逃離本國也予以人道性的對待，處處考量美國的意向去進行處理。對韓國，則是不惜與大使館內的韓國外交官爆發亂鬥衝突事件，也一定要強硬地將「脫北者」帶走，而事後，卻又忽然態度大轉變，對韓國進行了正式的致歉，並與韓國達成協議，「圓滿」地讓脫北國出國。另一方面，面對日本時，先是單方面地主張「已得到進入的同意」拒絕致歉，接著又無視日本的抗議直接與菲律賓政治進行交涉，將脫北者送至菲律賓。在此，中國的國際秩序觀之相位（即依照對象分別採取不同的國際秩序基本原則）與日中關係獨特的艱困，都同時呈現了出來。

也就是說，中國面對代表「近代西歐」的美國，採取了「洋務式」的處置法，不只是依據力量論理，以適用於一定秩序原則的普遍性框架規範（洋務式、威斯特發利亞式的態度）去進行。相信在面對美國以外的其他西歐國家時，中國的對應方法應該也是類似的。此外，中國並非因為美國是具有壓倒性力量的大國才以妥協的方式處置的，實際上，在完全相同的時期也有脫北者進入位於北京的加拿大大使館，而中國的處理方式與瀋陽美國總領事館時如出一轍。

中國政府對韓國的對應方式，甚至與韓國外交官發生暴力衝突事件，相當的強硬，然而在事後卻轉以懷柔的方式向韓國「致歉」，「圓滿解決」後又回到彷彿什麼事都沒有發生一般，關係依然得以修復。先不論這其實是明顯的「華夷式」模式，更可看出兩者的關係是以共同享有緊密的政治文化為前提。問題在於，該如何解釋對日本的處置方式？

既不是「威斯特發利亞」式，也不是「華夷式」。日本與中國之間，沒有直截了當的力量理論，也欠缺任何能做為依據的原則，這樣的「狀況」論理成為唯一的模式，不得不說，兩者間彷彿存在某種宿命。在此，中國的對外模式，在面對西歐（或說在中國的世界觀中屬於完全的外部世界）、東亞歷史性「周邊國」以及日本三種對象時，將會採取個別不同的標準。也因此，對於二十一世紀中國與外部世界的連結，我們必須更加地關注、凝視。

結語

在本書最後的第十四章裡，我對於日中關係上獨特的艱困，以「存在某種宿命」來表現。不過更正確的說法，也許應該是「源自於文明史因素」才對。當然，文明史的見解與宿命論的見解不同，不只是單純的「歷史性」，還要去掌握**漫長且深入**地紮根於歷史中的本質。不過在思考亞洲中的日中關係時，日本與中國具有截然不同的文明體系，各自編織出各自的歷史，不管是在國際秩序的看法上、實務處理上，日本都與西歐、或以中華周邊國的身份與中國保持緊密關係的朝鮮半島不同，與中國之間產生了特殊的艱困性，這是必須特別去強調的。

在日中瀋陽總領事館事件上，當然是因為其他種種的因素影響，才會引導出如此令人錯扼的結果。比如說，當時在日本之間被視為重大「懸案」的小泉純一郎首相的靖國神社參拜問題，也讓日中間的實務性外交變得更加困難；日本媒體也表示，中國因為對於層出不窮的「脫北者」之處理備感困惑，因而做出了這樣的對應方式。不過相反地，所謂「歷史認知問題」，戰後早就簽訂了和議條件（日中和平友好條約），戰後也已經過了六〇餘年（譯註：本書初版為二〇〇四年），國家間關係的重大問題依然存在這件事本身，就可以看出日中在國際秩序觀、歷史上的立場等，都具有根本上的文明差異。

本書中，對於這類近代日中、日韓或是日朝關係上的「歷史認知」問題，都沒有特別的說明，而是以「為什麼這會成為問題」這樣的角度去思考其更深層的因素，以中國為中心去檢視東亞，以及東亞與外部世界一般的關係，找尋根本性的視角，這才是本書的目的。為什麼到了現在，還要用「情感」之名去探討歷史呢？這在西歐或是其他文明是未曾出現的構圖。又為什麼，今日的東亞沒有更加明確的「謝罪」形式？又或是「謝罪的形式」總在不斷持續問題及累積問題？這些提問，都必須從本書提出的文明史視點去加以考察。

另一方面，瀋陽事件紛爭的原因雖然是「脫北者」，不過，此時中國政府的姿態，從中朝關係的歷史或文明性考察上便可得知，通常都會與一般常識大相徑庭。這樣的事例已在本書中多次提及，在此便不再贅述。不過在目前依然進行中的北韓核武問題，多數的日本人心中相當都存有「到底為什麼（中國）要如此站在北韓這一邊呢？」這樣的疑問。而這樣的疑問，相信也能從中得到解答。

在檢視中國對外行動時，從漫長歷史中形塑出的因素，也就是我所說的「文明史結構」之視角去觀察，是對現今日本相當重要的一環。當然，我並不是要說這樣的做法可以成為理解中國所有對外行動的關鍵，也並不是所謂「唯一的終極因素」。實際上，在西歐的中國外交研究及評論上，以歷史·文明因素為基礎進行考察的學者，遠遠多於現代日本。只要觀察現況，便能得知日本的現代中國研究、評論大都是僅重視於眼前的現狀分析、不痛不癢的文化性考察為主，這也是日本面臨的重大問題之一。

日本有相當龐大的中國史研究累積，本書也有幸能擔負其中的一部份。不過，除了少數的一部份外，大多數的研究都以「實證史學」為名，幾乎難以為專家以外的讀者，帶來有意義的歷史展望，這樣的情況在中國相關的對外關係史領域也是一樣。據我所知，在歐美的中國研究，近年反而出現許多積極摸索全貌的研究。這不僅是研究方法的不同，更是與本質相關的問題，甚至會影響到對現在中國之見解的基礎。

中國的「國策」與「國是」，相較於其他國家，是明顯劃分於不同範疇去進行的。胡錦濤政權時，中國以「開放」、「市場化」、「情報公開」為目標，並將「經濟成長」、「國際協調」視為特別優先的國策。然而，台灣問題等事關「國家統一」、共產黨「一黨統治」、「保全領土」，或是對日關係等「歷史認知」問題等，則是與「國策」位於完全不同層次的，絕對不可動搖的「國是」。不論「國策」（比如說持續發展經濟等）是如何的重要，當遇到有可能動搖到國是的狀況時，不論會對國策造成多少損失（比如說天安門事件），也絕對要以國是為優先。因此，為了不讓這樣的事態發生，平時就努力地「保全、管理國是」，是具有外部看不見的重要性。之所以形成這樣的現況，並非只是因為現在中國採取社會主義體制這般簡單的理由。所有的中國王朝，都是藉由革命而成立的「剛性國家」，意即，相較於一般的國家，在中國，國策與國是是劃分於截然不同的類別中，如何去管理兩者的連接，是中國史遺留下來的統治技巧與政治主義傳統，這也是不透過文明史視角無法理解的層面。

近代日本的知識份子（以及今日的絕大多數日本人）多由於日本近代化的特殊過程，而不再認真的去思考，漫長歷史中形塑出的結構化因素、模式，即便在近代化之後的社會中，忽略了歷史的發展帶來了怎樣決定性的影響。而只將這樣歷史因素視為「封建遺制」、「日本的老舊構造」，當成歷史的「雜物」。因此對於貫通整個歷史運作的「文明史因素」之視野，顯得相當遲頓，這也是近代主義性思考之一大弊害。也因為，本書嘗試去尋求「貫通歷史的視角」，並將此視為重要的論點，希望能盡量在本文中去探討更深入的內容。不過，如此一來，有可能變成一昧地著重於抽象的歷史本質之議論，以及陷入文明史方法論的窠臼中。我會再找別的機會，進行以上的論述。

最後，二十一世紀的中國與日本，究竟該如何相處？如同本書第十四章所見，若中國在面對日本時，真的具有與西歐（或歐美）及世界、朝鮮半島等周邊亞洲諸國都截然不同的本質上相異之國際關係處置方法，日本該如何對應？相信讀者中，也有人對於與亞洲各國相異，日本所處的「特別的位置」，或多或少感到些許的困惑。日本該如何對應，如此牽扯到政策論的議論，依本書的性格不適討論，因為我沒有特別提及，不過就藉由結語來闡述我個人的結論。

本書第五章所提及的，聖德太子的「對中處置方法」可謂是說明了一切。意即，就像是「日出處天子……」的那一份國書的內容一般，在任何的局面上都要堅持住「對等」，以現代國際關係用語來說就是「嚴格的互惠原則」之立場。再者，「海西菩薩天子……」之文書

（即以當時做為國際基準的佛教為彼此關係的基礎）中所述，超越日中二國間關係的特殊性，以當下時代的全球性價值基準忠實地經營彼此的關係，不過，絕不能侷限於異於常規的「亞洲式價值」、只有日中間擁有特殊「友好」志向等思考空間中。這樣的見解，乍看之下也許顯得不負責任，然而這樣的方式，才是真正能與中國保持和平與友好之道的路線。以上便是長年專注於中國文明史研究的我個人所做出的結論，也是日本之所以能跨越近代穩當地在歷史走向成功的正確選擇。這才是二十一世紀「日本的基軸」以及「日本的國是」之一。

一九八〇年代初期，在東京都內的某間居酒屋中，幾個研究者聚在一起討論起了中國「改革開放」的走向，如今，已渡過二〇年以上的歲月。當時，許多中國專家間意見分歧，而我則感受到，此時正是對中國（以及日本）的未來而言，歷史性的時代已宣告就此展開，同時，我也感受到了只有藉由研究中國漫長的歷史與文明，才能掌握住這巨大的課題。在接下來的二〇餘年，雖然腳步緩慢，我依然遵循自己的步調，在今日終於將個人的中國研究成果，集結成冊，不禁感觸良多。這段期間，為了貫徹我本身堅持的文明研究方法「以雙腳親自感受土地」，包含內陸地區及少數民族地區，共前往中國達十數次，在堆積如山的漢文史料的鑽研。不過，這也讓我獲得了僅僅議論時事性政策絕對體驗不到的知性之喜悅。

最後，我要感謝得以讓此一成果的一角有機會問世的東洋經濟新報的各位同仁，謝謝你們。

中西輝政

二〇〇四年八月

參考文献一覧

（本文中に引用したもののうち、主なものを著者名または書名の五十音順に――欧文のものは末尾に――配列してある）

青山公亮「事大と華化――特に高麗朝のそれについて」『朝鮮学報』第一四輯（一九五九年）
アンダースン、イーニアス（加藤憲市訳）『マカートニー奉使記』（筑摩書房、一九四七年）
『安南紀略』（北京：書目文献出版社、一九八六年）
猪口孝「伝統的東アジア世界秩序試論――一八世紀末の中国のベトナム干渉を中心として」『国際法外交雑誌』第七三巻五号（一九七五年）
榎一雄（榎一雄著作集編集委員会編）『榎一雄著作集八　邪馬台国』（汲古書院、一九九二年）
王夫之『読通鑑論』（後藤基巳、山井湧編訳『中国古典文学大系五七　明末清初政治評論集』（平凡社、一九七一年）
岡田英弘「東アジア大陸における民族」橋本萬太郎編『漢民族と中国社会』（山川出版社、一九八三年）
岡田英弘『倭国――東アジア世界の中で』（中央公論社、一九七七年）
梶村秀樹「朝鮮思想史における中国との葛藤」『朝鮮史の枠組と思想』（研文出版、一九八二年）
糟谷憲一「近代的外交体制の創出――朝鮮の場合を中心に」荒野泰典、石井正敏、村井章介編

『アジアのなかの日本史Ⅱ外交と戦争』（東京大学出版会、一九九二年）
『漢書・周書』（北京：中華書局、一九七六年）
北島万次『豊臣秀吉の朝鮮侵略』（吉川弘文館、一九九五年）
キッシンジャー、ヘンリー・A（岡崎久彦監訳）『外交』上下（日本経済新聞社、一九九六年）
『旧唐書』（台北：台湾商務印書館、一九六七年）
栗原朋信「漢帝国と周辺諸民族」荒松雄ほか編『岩波講座・世界歴史古代四　東アジア世界の形成』（岩波書店、一九七〇年）
栗原朋信『上代日本対外関係の研究』（吉川弘文館、一九七八年）
『経略復国要編・後付』（台北：台湾学生書局、一九八六年）
康有為「公車上書」（一八九五年）、蒋貴麟主編『康南海先生遺著彙刊一二』（台北：宏業書局、一九七六年）
『高麗史』（国書刊行会、一九〇八〜〇九年）
『後漢書』（台北：台湾商務印書館、一九六七年）
酒寄雅志「華夷思想の諸相」荒野泰典、石井正敏、村井章介編『アジアのなかの日本史Ⅴ自意識と相互理解』（東京大学出版会、一九九三年）
佐久間重男『日明関係史の研究』（吉川弘文館、一九九二年）
「山海経」高馬三良訳『中国古典文学大系八　山海経』（平凡社、一九六九年）

『三国遺事』（金思燁訳）『三国遺事完訳』（六興出版、一九八〇年）
『三国史記』（金思燁訳）『完訳三国史記』（六興出版、一九八〇～八一年）
「三国志列伝」『三国史』（台北：台湾商務印書館、一九六七年）
『詩経・小雅・北山』（目加田誠訳）『中国古典文学大系一五　詩経楚辞』（平凡社、一九六九年）
司馬遷『史記』（台北：台湾商務印書館、一九六七年）
『春秋』（竹内照夫訳）『中国古典文学大系二　春秋左氏伝』（平凡社、一九六八年）
『書経』（赤塚忠訳）『中国古典文学大系一　書経易経（抄）』（平凡社、一九七二年）
『清実録』（『大清歴朝実録』、台北：新文豊出版、一九七八年）
『隋書』（台北：台湾商務印書館、一九六七年）
末松保和『高麗朝史と朝鮮朝史　末松保和朝鮮史著作集五』（吉川弘文館、一九九六年）
全海宗「清代韓中朝貢関係考」『韓中関係史研究』（一潮閣、一九七〇年）
『宣祖実録』（学習院東洋文化研究所、一九六一年）
『宣祖修正実録』（学習院東洋文化研究所、一九六一年）
『善隣国宝記　新訂続善隣国宝記』（田中健夫編、集英社、一九九五年）
「続資治通鑑長編」（北京：中華書局、一九七九年）
孫承喆（鈴木信昭監訳・山里澄江、梅村雅英訳）『近世の朝鮮と日本――交隣関係の虚と実』（明石書店、一九九八年）

孫文『孫中山全集』第二巻（北京：中華書局、一九八二年）
「大越史記全書続編」（『大越史記全書校合本』、東京大学東洋文化研究所附属東洋学文献センター刊行委員会、一九八四〜八六年）
「大南列伝」（『大南寔録』慶應義塾大学言語文化研究所、一九六一年）
トインビー、アーノルド（長谷川松治訳）『歴史の研究』サマヴェル縮刷版第一〜三巻（社会思想社、一九六七年）
『鄧小平文選』第三巻（竹内実、吉田富夫監訳）『鄧小平は語る――全訳・日本語版「鄧小平文選」』上下（風媒社、一九八三年）
トピ、ロナルド（速水融、永積洋子、川勝平太訳）『近世日本の国家形成と外交』（創文社、一九九〇年）
内藤湖南「清朝衰亡論」『内藤湖南全集』第五巻（筑摩書房、一九六九年）
西嶋定生「中国古代国家と東アジア世界」（東京大学出版会、一九八三年）
西嶋定生『日本歴史の国際環境』（東京大学出版会、一九八五年）
ハレー、ルイス（太田博訳）「歴史としての冷戦　超大国時代の史的構造』（サイマル出版会、一九七〇年）
費孝通等『中華民族多元一体格局』（北京：中央民族学院出版社、一九八九年）
藤井昇三「孫文の民族主義」藤井昇三、横山宏章編『孫文と毛沢東の遺産』（研文出版、一九九

二年）
古田博司『東アジアの思想風景』（岩波書店、一九九八年）
堀敏一『中国と古代東アジア世界——中華的世界と諸民族』（岩波書店、一九九三年）
マカートニー（坂野正高訳注）『中国訪問使節日記』（平凡社・東洋文庫、一九七五年）
三宅英利『近世アジアの日本と朝鮮半島』（朝日新聞社、一九九三年）
宮崎市定「中国周辺史総論」『宮崎市定全集東西交渉』第一九巻（岩波書店、一九九二年）
『明実録』（台北：中央研究院歴史語言研究所、一九六六年）
毛沢東（松村一人編）『中国革命と中国共産党』他五篇（東方書店、一九六九年）
茂木敏夫『変容する近代東アジアの国際秩序』（山川出版社、一九九七年）
山田統「天下という観念と国家の形成」増田四郎ほか『共同研究古代国家』（啓示社、一九四九年）
山本達郎編『ベトナム・中国関係史——曲氏の抬頭から清仏戦争まで』（山川出版社、一九七五年）
羅貫中「三国志演義」（立間祥介訳）『中国古典文学大系二六・二七　三国志演義上・下』（平凡社、一九六八年）
李四光「中国における戦禍の周期的循環」『中国科学与芸術雑誌』（一九三一年）
劉向編「戦国策」（常石茂訳）『中国古典文学大系七　戦国策』（平凡社、一九七二年）

『両朝平攘実録』(台北：台湾学生書局、一九六九年)
梁守徳、洪銀『国際政治学概論』(北京：中国社会科学出版社、一九九四年)
林語堂『吾国与吾氏』(長春：東北師範大学出版社、一九九四年)
Fairbank. John King ed., The Chinese world order: Traditional China's foreign relations (Cambridge,Harvard University Press, 1968)
Gernet, Jacques. Le Monde chinois (Paris, Gallimard. 1972)
Hunt. Michael. The Genesis of Chinese Communist Foreign Policy (New York, Columbia University Press. 1996)
Mancall. Mark, China at the Center: 300 Years of Foreign Policy (London, Collier Macmillan. 1984)
Maybon, Charles B., Histoire moderne du Pays d'Annam 1592-1820 : étude sur les premiers rapports
des européens et des annamites et sur l'établissement de la dynastie annamite des Nguyên (Westmead, Hants ., Eng., Gregg International, 1972)
Peyrefitte. Alain, L' Empire immobile ou Le Choc des mondes (Paris, Fayard, 1989)
Rossabi. Morris ed., China among Equals: The Middle Kingdom and Its Neighbors in the 10th-14th Centuries (Berkeley. University of California Press, 1983)
Segal, Gerald. "Does China Matter?" Foreign Affairs (Sept.-Oct., 1999)

超版一行

中國霸權的論理與現實

帝国としての中国 霸權の論理と現実

作　　者　中西輝政 なかにし てるまさ
總 編 輯　沈昭明
社　　長　郭重興
發行人暨出版總監　曾大福
出　　版　廣場出版
發　　行　遠足文化出版事業有限公司
　　　　　231新北市新店區民權路108-2號9樓
電　　話　(02)2218-1417
傳　　真　(02)8667-1851
客服專線　0800-221-029
E-Mail　service@sinobooks.com.tw
官方網站　http://www.bookrep.com.tw/newsino/index.asp
法律顧問　華洋國際專利商標事務所　蘇文生律師
印　　刷　前進彩藝有限公司
一版一刷　2016年09月
定　　價　360元

國家圖書館出版品預行編目(CIP)資料

中國霸權的理論與現實 / 中西輝政著. 一版. -- 新北市：
廣場出版：遠足文化發行，2016.09
296面；21X15公分
譯自：帝国としての中国[新版]：霸権の論理と現実

ISBN 978-986-92811-6-4(平裝)
1.中國外交　2.外交史
574.18　　　　105016543

TEIKOKU TOSHITENO CHUGOKU "SHINPAN"
by Terumasa Nakanishi